陕西出版资金资助项目

中国现代出版家论著丛书

主编　郝振省

新目录学的一角落

王云五　著

西北大学出版社

作者简介

王云五（1888—1979），名鸿桢、字日祥、号岫庐，笔名出岫、之瑞、龙倦飞、龙一江等。出生于上海。广东香山（今中山）人，祖籍南朗王屋村。1907年春，他任振群学社社长；1909年，任闸北留美预备学堂教务长；1912年底后任北京英文《民主报》主编，北京大学、国民大学、中国公学大学部英语教授；1921年，由胡适推荐到商务编译所工作。后任商务印书馆总经理，是著名出版家。

1954年，王云五出任台湾"考试院副院长""行政院副院长"，1964年，他退出政坛。

编著了《王云五大词典》《王云五小词典》。王云五开办并复兴东方图书馆，编写出版了大量的古典、中外名著和教科书辞典等。为我国近代文化教育事业作出了大量贡献，2013年《王云五全集》出版。

编辑说明

王云五是民国时期著名出版家，曾任商务印书馆总经理。他对图书分类、目录学以及四角号码检索法、词典编纂多有建树。《新目录学的一角落》就是他1943年在商务印书馆出版的一部著作。

针对当时流行的各种美欧图书分类方法，他联系中国传统图书分类，有机地把两者予以结合，根据实用方便的原则，独辟蹊径，提出自己的新方法。

这次整理重版，改原版竖排繁体字为横排简体字，改正了异体字、俗体字等，纠改了原版中的错讹字词，依现今规范添加了文中大量的篇名书名号、引文的引号等排版符号，以方便今天读者的阅读。

总 序

  "中国现代出版家论著丛书"，选集张元济等中国现代出版拓荒者14人之代表性作品19部，展示他们为中国现代出版奠基所作出的拓荒性成就和贡献。这套书由策划到编辑出版已有近六个年头了，遴选搜寻作品颇费周折，繁简转化及符合现今阅读习惯之编辑加工亦费时较多。经过多方努力，现在终于要问世了，作为该书的主编，我确实有责任用心地写几句话，对作者、编者和读者有个交代。尽管自己在这个领域里并不是特别有话语权。

  首先想要交代的是这套选集编辑出版的背景是什么，必要性在哪里？很可能不少读者朋友，看到这些论著者的名字：张元济、王云五、陆费逵、钱君匋、邹韬奋、叶圣陶等会产生一种错觉：是不是又在"炒冷饭"，又在"朝三暮四"或者"朝四暮三"？如此而然，对作者则是一种失敬，对读者则完全是一种损失，就会让笔者为编者感到羞愧。而事情恰恰相反，西北大学出版社的同仁们用心是良苦的，选编的角度是精准的，是很注意"供给侧改革"的。就实际生活而言，对待任何事物，怕的就是"一叶障目，不见泰山"，怕的就是浮光掠影，道听途说；怕的就是想当然，而不尽然。对待出版物亦是这样，更是这样。确实不少整理性出版物、资料性出版物，属于少投入、多产出的克隆性出版；属于既保险、又赚线的懒人哲学？而这套论著确有它独到的价值。论著者不是那种"两耳不闻窗外事，闭门只读圣贤书"的出版家，而是关注中华民族命运，焦急民族发展困境的一批进步知识分子。他们面对着国家的积贫积弱，民众的一盘散沙，生活的饥寒交迫，列强的大举入侵，和"道德人心"的传统文化与知识体系不能拯救中国的危局，在西学东渐，重塑知识体系的过程中，固守着民族优秀文化的品格，秉承"为国难而牺牲，为文化而奋斗"的使命，整理国故，传承经典，评介新知，昌明教育，开启民智，发表了一系列的论著，为我们国家和民族的现代出版文化事业进行了拓荒性奠基。如果再往历史的深层追溯，不难看出，他们身上所体现的代表中国传统知识分子心胸与志向的使命追求，正如北宋思想家张载所倡言的："为天地立心，为生民立命，为往圣继绝学，为万世开太平"。我们为中华民族这些前仆后继、生生不息的思想家们肃然起敬。以张元济等为代表的民国进步出版家们，作为现代出版文化的拓荒奠基者，其实就是一批忧国忧民的思想大家、文化大家。挖掘、整理、选萃他们的出版文化思想，其实就是我们今天继承和弘扬优秀传统文化的必然之举，也是为新时代实现古今会通、中西结合的创造性转化与创新性发展提供借鉴的必须之举。

不仅如此，这套论著丛书的出版价值还在于作者是民国时期我们这个国家和民族最有代表性的一个文化群体，一批立足于出版的文化大家和思想大家；14位民国出版家的19部作品中，有相当部分未曾出版，具有重要的填补史料空白的性质，对于这个领域的研究者、耕耘者都是一笔十分重要的文化财富之集聚。通过对拓荒和奠基了中国现代出版事业的这些出版家部分重要作品的刊布，让我们了解这些出版家所特有的文化理念、文化视野、人文情怀，反思现在出版人对经济效益的过度追求，而忘记出版人的文化使命与精神追求等等现象。

之所以愿意出任该套论著丛书的主编还有一层考虑在里面。这些现代出版事业拓荒奠基的出版家们，其实也是一批彪炳于史册的编辑名家与编辑大家。他们几乎都有编辑方面的极深造诣与杰出成就。作为中国编辑学会的会长，也特别想从中寻觅和探究一位伟大的编辑家，他的作派应该是怎样的一种风格。张元济先生的《校史随笔》其实就是他编辑史学图书的原态轨迹；王云五的《新目录学的一角落》其实就是编辑工作的一方面集大成之结果；邹韬奋的《经历》中，就包含着他从事编辑工作的心血智慧；张静庐的《在出版界二十年》也不乏他的编辑职业之体验；陆费逵的《教育文存》、章锡琛的《<文史通义>选注》、周振甫的《诗词例话》等都有着他们作为一代编辑家的风采与灼见；赵家璧的三部论著中有两部干脆就是讲编辑故事的，一部是《编辑忆旧》，一部是《编辑生涯忆鲁迅》，其实鲁迅也是一位伟大的编辑家。只要你能认真地读进去，你就会发现一位职业编辑做到极致就会成为一位学者或名家，进而成为大思想家、大文化家，编辑最有条件成为思想家、文化家。"近水楼台先得月，就看识月不识月"。我们的编辑同仁难道不应该从中得到启发吗？难道我们不应该为自己编辑职业的神圣性而感到由衷的自豪与骄傲吗？

这套丛书真正读进去的话，容易使人联想到正是这一批民国时期我国现代出版事业的拓荒者和奠基者，现代出版文化的开创者与建树者，为西学东渐，为文明传承，作出了巨大的历史性贡献。他们昌明教育、开启民智的出版努力，他们所举办的现代书、报、刊社及其载体实际上成为马克思主义向中国传输的重要通道，成为中西文化发展交融的重要枢纽，成为当时的中国先进知识分子寻求和探究救国、救民真理的重要精神园地。甚至现代出版事业的快速发展与现代出版文化的初步形成，乃是中国共产党成立、诞生的重要思想文化渊源。一些早期共产党人就是在他们旗下的出版企业担任编辑出版工作的，有的还是他们所在出版单位的作者或签约作者。更多的早期共产党人正是受到他们的感染和影响，出书、办报、办刊而走上职业革命道路的。从这个意义上讲，我们对民国出版家及其拓荒性论著的价值的重视还很不够。而这套论著丛书恰恰可以对这个问题有所补救，我们为什么不认真一读呢？

　　是为序。

郝振省

2018.3.20

序

　　我自从民国十年担任商务印书馆编译所所长，跨进了出版家的门槛，旋兼任该馆附设的东方图书馆馆长，掌管那时候全国最丰富最名贵的藏书。一方面为着调整出版物的系统，他方面要使藏书发生最大的效用，自然而然地加紧了我对于目录学的研究，同时因适应现代的需要，也认为我国旧日的目录学有革新之必要。于是民国十五年我有"中外图书统一分类法"之创作。其前一年半，我又有"四角号码检字法"之发明，经三四年之继续改进，卒于十六年底达成现在之方案。这两种方法，一关于图书类别之统驭，一关于文字工作之利便，除助我完成东方图书馆藏书五十余万册之新式的编目，而增进其在检查上之效率外，更鼓起我化身千万图书馆，使遍设于全国之兴趣。

　　因此，我于民国十八年创编"万有文库"初集，期以整个普通图书馆的用书，依最经济与最便利之方式供献于社会。此种冒险的尝试，初时几至失败，结果幸而努力不落空，第一版所印五千部，不仅占据了每一个已成立图书馆的书架，而且专赖这部书而成立的图书馆多至千余所。再过二三年，商务印书馆遭"一·二八"沪战的致命伤，数十年基础几乎毁于一旦。那时候我以该馆总经理而兼编审部部长的地位，勉任艰巨，为事业与文化而苦斗。于二十一年八月该馆经半年停业而复业之际，首先发表编印"大学丛书"计划，窃不自量，欲以创深痛巨后一个出版家的努力，用本国文字供给最高学府之全部教科参考用书，一改前此依赖外国文课本之习，而植学术独立之基。是举借全国学术界领袖之赞助，得如所期望而进行。迄"八一三"第二次沪战，五年之间，已编成出版者达二百六十余种，视原预算略有超过。在此期间，我又继续前此所定充实图书馆而使之普遍化的计划，拟将二千册之"万有文库"初集扩充为一万册，即除续编"万有文库"二、三两集各二千册外，另辑印"丛书集成"初编四千册。然以战事之影响，二十三年九月开始印行之"万有文库"二集与二十四年三月开始印行之"丛书集成"初编尚有一部分未能完成，而"万有文库"三集更难具体化；是此计划之完成，只好期待于抗战胜利之将来了。

我的出版方针，除注重整个图书馆的供应外，对于分科之供应亦未尝漠视。民国二十一至二十六年间，编印之专科丛书不下数十部，各部门大都具备，其间规模较大而着手亦较难者，莫如"中国文化史丛书"。编印伊始，曾作相当研究，以中国文化悠久，史料又甚繁复，欲作综合的编纂，既非一手一足所能任，尤苦组织困难；故于二十五年秋决定编印文化专史八十种，广延专家，分科担任。于此可见此时期所编"专科丛书"之一斑。又自从发明"四角号码检字法"以来，我即有志于辞典之编纂，私人公暇，朝斯夕斯，无不以搜罗资料，供大规模辞书之编纂为主旨；十年之间，日积月累，得资料七百余万条，悉依四角号码编次，以简御繁，一检即得。二十五年三月与中山文化教育馆订约，利用此项丰富资料，仿《牛津大辞典》体例，编为《中山大辞典》，正开始排版，而战事突发，原计划不得不停顿。因以所收关于"一"字之资料五千余条，约一百万言，刊为长编，冀保存所集资料之万一。

本书所收各文，悉为记述上开工作之旧作。我印行本书之目的，则以各文虽仅记个人工作之经过，然无一不与我国新目录学关联。方今人事日繁，治学尤贵省时。目录学为治学指南，其难其易，与治学之难易攸关。图书分类为新目录学之纲领，检字法为新目录学之重要工具；此固尽人知之。治目录学者莫难于我国旧学。所谓国学浩如烟海，每令人望而兴叹，时贤遂有国学必要书目之编定，已刊行者多至十余种。我于选印"万有文库"中之"国学基本丛书"，亦曾特加注意；一二两集所收之国学基本书四百种，与其类别并与各家书目之比较，似不无参考价值。我国所称丛书多至数千部。张香涛虽劝人"欲多读古书，非多买丛书不可"；然以丛书之名实不符与内容琐杂者比比皆是，苟不抉择，则糜费金钱所关尚小，耗废精力，影响实大。我的编印"丛书集成"计划，即以节省读者物力精力为出发点；取其精华，去其糟粕，则号称数千部之丛书仅存数百部，更选定其中最重要之百部，就所涵各书汰其重复，依新分类法辑印；然仍恐读者不明原书真相，因各撰提要，以识梗概；此于阅读丛书者当可节省一部分之工力。至于"大学丛书"各院系之科目，系商同国内许多专家所订定，并一一分注其编印进度，于此可概见国内各科专著之现状。他如编纂中国文化史之研究，与编纂《中山大辞典》之经过两文，一则概述文化史资料之源，一则说明搜集辞书资料与编纂辞书计划；似皆与治目录学者有多少关系。

尚有说明者，此区区十篇之文字，无一不以长期间写成。"中外图书统一分类法"费时约一年；"四角号码检字法"费时至三四年；"万有文库"第一、二集之计划，费时各在半年以上；"丛书集成"初编之选辑分类，费时一年以上；编印"大学丛书"之拟目与筹备费时七八月；编纂"中国文化史丛书"之研究，虽为时最短，亦不下二三月；而编纂《中山大辞典》之经过，自开始搜集资料，迄"一"字长编之印成，为时多至十年。总计过去十五六年间，个人之治学治事无不与此十篇文字息息相关。行文固贵有实质，此中各文，不仅侧重此点，且无一不寓有长期辛苦之工作；独惜言之无文，或不能行远而已。然而敝帚自珍，深恐十余年辛苦工作之结果，或有散佚，尤以抗战以来，原载各篇之书刊大都毁版，因收集而汇刊之，并借此就正于海内宏达。

民国三十二年八月五日　王云五

目 录

一、中外图书统一分类法绪论

I

图书分类法究竟是什么？据美国卡特氏（Cutter）说："图书分类是集合各种图书，选择其性质相同的放在一处。"就这定义看起来，可以知道其至少含有下列两条件：

（一）须要按着"性质相同"的去分类；换句话说，就是按照图书内容在科学上所占的地位而分类。

（二）须把所有图书按照他的种类分别陈列起来，务使同类的书不要分开，不同类的书不要搀入。

这定义是很妥当的。我们研究图书分类的人，总要把它做得像才好。

关于第一条件，我们有应先注意的一点，就是图书的分类，有按形式和性质的区别。按形式分类的，像版本的大小，出版的时期和著者的身份等都是。这些分类方法，都是很粗疏的，不适用于现代复杂图书的分类，这里也不必加以讨论。我们现在要讨论的只是按性质分类的种种方法。

我国图书分类法，最古的当推汉朝刘歆的《七略》，就是把图书分做辑略、文艺略、诸子略、诗赋略、兵书略、术数略、方纪略七大类。其后历代均稍有变动，直至唐朝，才有所谓四部分类法，就是把图书分为经、史、子、集四大类的方法。自唐朝以来，这分类法也时有变动；至清初修《四库全书》，虽然把细目增订了不少，根本上却仍不脱经、史、子、集的分类法。从表面上观察，这虽是按性质的分类法；但细细研究起来，还是多少倾向于形式的分类法。譬如经部的书本是一部古史，《诗》本是文学，《春秋》也是历史；《三礼》等书是社会科学，《论》《孟》也可以说是哲学；若严格按性质分类，当然是不能归入一类的。但旧法分类的原则，因为这些书都是很古的著作，而且是儒家所认为正宗的著作，便按着著作的时期和著作者的身份，不问性质如何，勉强混为一类。关于子部呢，也是同样的情形，把哲学、宗教、自然科学、社会科学各类的书籍并在一处。关于集部，尤其是复杂，表面上虽偏于文学方面，其实无论内容属哪一类的书籍，只要是不能归入经史子三部的，都当它是集部。所以四部之中只有史部还合乎按性质的分类；不过目录学因为没有相当的部可入，也归入史部，这一点似又与依性质的分类的宗旨不符了。

外国图书按性质的分类，可说是发源于希腊的亚里士多德（Aristotle），他主张把学问分做历史、文学、哲学三大类。后来英国培根氏（Francis Bacon）再把这三大类分为若干小类，这就是图书分类的滥觞。欧美各国对于图书分类的专家，像英国的爱德华氏（Edwards）、桑纳新氏（Sonnenschien）、勃朗氏（Brown）、法国的布拉特氏

（Brunt），德国的哈特维氏（Hartwig），意大利的邦拉几氏（Bonnaggi）和美国的哈里士氏（Harris）、伯肯士氏（Perkins）、斯密士氏（Smith）、卡特氏（Cutter）、杜威氏（Dewey）等，都按着学科各自作成一种图书分类法。其原则大概相同，不过分类的细目和方法各有不同罢了。现在且把这些分类法归纳做三种：

（一）第一种就是用字母作符号的；

（二）第二种就是用字母和数目作符号的；

（三）第三种就是完全用数目作符号的。

第一种的代表者就是卡特氏的图书分类法。他是把二十六个字母来代表各大类，然后在每字母之下，再加一个字母代表中类，以下由此类推，可以加上四五个字母代表小类，和更小的类。照这样计算起来，类别可以分至无量数。卡特氏的方法，除字母外，也兼用数字，不过他的数字不是代表学科的类别，乃是代表国别及时代。换句话说，他的数字11—99是代表国别的；01—09是代表时代的；因此这分类法还算是用字母作符号的。

第二种就是美国国会图书馆分类法。它是用二十六个字母代表十八大类，又于每字母之下，再加一个字母，代表中类；这一点是和卡特氏相同的。不过卡特氏方法，是不绝的增加字母，推演下去。美国国会图书馆分类法却不然，它用了两个字母之后，便改用号码。所以他的形式是像HB329一般，前面两个字母，代表大类中类；后面三个数字，代表小节目。英国勃朗氏的分类法，和这方法形式上很相似，也是把字母和数字并在一处的。不过他只用一个字母，以后就改用数字。因此他的分类，便不能像美国国会图书馆这样的详细。

第三种就是美国杜威氏的分类法。他是用三个数字代表主要的类别，如有不足，再加小数，一直推演下去，以至于四五位的小数。

以上所举三种方法的代表者，卡特氏分类法、美国国会图书馆分类法和杜威氏分类法，都是美国的方法。但是欧洲各国对于图书馆分类法不很注重，现在有许多图书馆还是用旧式的分类法。只有美国对于图书馆学非常注重；所以上述的三种分类法，世界各国采用的也很多。现在我们就把这三种方法来研究一下，看哪一种最为适用，尤其是哪一种最适用于中国。我个人则以为杜威的方法是最适用于我国的。理由如下：

（1）用字母的方法，是二十六进，记忆上远不如用数目十进的自然。现在科学上度量衡的标准，无论哪一国，都采用"米突制"，就因为十进法比其他进法容易记忆的缘故。

（2）杜威的号码顺序，大都有相当意义，即如总类是无所属的，故用0代表它；哲学是一切的起首，故用1代表它；宗教是哲学的一种定论，故用2代表它；原始时代先有宗教的信仰，然后社会能团结，故用3来代表社会科学；社会成立，然后言语渐趋统一，故用4来代表语文学；有语文然后能研究自然科学，故用5代表自然科学；先有理论的科学，然后能有应用的科学，故用6代表应用技术；人生必要的科学有了基础，然后以余力从事于艺术和文学，故用7和8分别代表艺术和文学；历史为人类一切成绩的总清账，故用9代表它。照这样推想起来，各大类的号码都很易记忆。至其他方法所用的字母，大都没有意义，仅按顺次排列。间或含有意义的，像用H代表History，用P代表Philosophy等，但是一个字母所能代表的决不止一类，而且在我国不懂外国文的人，尤其是没有用处。

（3）美国国会图书馆的方法，固然分析得很详细，对于大规模的图书馆，自然较为适用。但小规模的图书馆，就不免觉得这方法太麻烦。至于杜威的方法，由十类而百类，由百类而千类万类，可以自由伸缩，无论大中小图书馆，都可以适用，这显然是他的长处。

（4）杜威的方法，已由国内许多图书馆采用。为着事实便利起见，也当然比较改用其他方法好一点。

由上述几个理由看起来，现在国内的图书馆，似乎以采用杜威的分类法为便当。固然杜威的分类法也有许多不妥当的地方，但因为他的方法很能活用，很有伸缩力，所以救济上还不很难。其中最不妥当的地方，就是关于中国的图书方面，他有两个缺点。第一，就是许多关于中国的书，简直无法归入杜威原有的分类法内。第二，杜威是一个美国人，他对于中国情形，不很熟悉，所以他把关于中国的事物，都放在很小的地位，纵然可以容纳，但轻重失当，也不是好的。因此国内图书馆采用杜威的方法，往往都要加以改动。且看下面所举的几个例子：

（1）就是清华大学图书馆的分类法。它是在杜威十大类之外，再加上丛、经、史、子、集五大类，去容纳中国的图书。

（2）就是杜定友先生的世界图书分类法。他把杜威原有的分类法宗教和哲学合并为一大类，空出宗教一〇〇类给教育；又将杜威其他各类酌量改动，以容纳中国图书。而且将分类的顺次也改动；把五〇〇的自然科学改成四〇〇；六〇〇的应用科学移在五〇〇；七〇〇的美术移在六〇〇；四〇〇的语文移在七〇〇等。

（3）就是洪有丰先生的分类法。他把中国书和外国书分开，外国书还是照杜威的分类法，中国书却另分为（一）丛，（二）经，（三）史地，（四）哲学，（五）宗教，（六）社会科学，（七）自然科学，（八）应用科学，（九）艺术。

（4）就是武昌文华大学沈祖荣先生的分类法，也是把中国书和外国书分开的。他所分的十类就是（1）经部类书，（2）哲学宗教，（3）社会学与教育，（4）政治经济，（5）医学，（6）科学，（7）工艺，（8）美术，（9）文学语言，（10）历史。

以上各种，对于杜威分类法，都有改良之处，各人有各人的主张，各人也有各人的特点。我是对于图书馆学很少研究的人，不敢妄下评断。但我以为分类法的最要原则，就是刚才说的卡特氏所下的定义，把性质相同的书放在一处。能够照这定义彻底做下去，这个分类法，才算是合用。现在我概括上面诸家的分类法，看他们能否合乎卡特氏的定义。

（1）他们大概都把中国和外国书各别分类，因此不独中国书和外国书性质相同的不能放在一处。就是一本从外国文译成汉文的书，因为已经变为中国文字，须照中国书一律办理，也不能同外国文原本放在一起。

（2）他们因为杜威的分类法不能容纳许多中国书，所以把杜威原有的类号，酌量归并去容纳中国的书。照这样子牵一发而动全体，结果使从外国文译成汉文的书，无法同外国文的原本放在一处。

（3）他们把杜威所分的类，改动顺次，以为这可以合乎自然的顺次。其实杜威的十大类像我前面所举的意义，也有其相当的顺次，把他变动了，也未必更合乎顺次。

（4）他们多以为杜威的分类有轻重失当的地方，因此主张把它改动。即如将哲学宗教并为一大类，另把教育从三〇〇类中提出来，使它独占二〇〇类；这一点似乎也有问题。哲学宗教应否归并，我们姑勿置论；但是教育明明是社会科学的一部分，现在把它升为一大类，在研究教育者看起来，或者说很正当；但是从经济学者的眼光观察，恐怕经济学比教育学还要重大；同时法律学者也可以主张把法律另立一大类；若更推广一步，则自然科学各门的专家也可以照样主张；那岂不是有了几十个分类法吗。

说到这里，我们须得回头考虑卡特氏所举的分类法两条件。除第一条件应按性质相同而分类一层，现在无论何人已一致赞同外；其关于第二条件，使同类的书不要分开一层，在国内各家的方法，或因中外图书各别分类，或因变动杜威原有分类法，使原本和译本不能并列，或因事实上已照杜威法分类，未便强同，所以都无法达到这目的。我们为求达这目的，同时并根据前述种种事实，对于图书分类法应有下列的先决条件：

（1）认定杜威的分类法在中国图书馆界中是比较的适用。

（2）杜威的分类法要适用于中国图书馆，应该设法扩充，以便容纳关于中国的图书。

（3）扩充的类号应该是新创的，不要占据了杜威原有类号的地位；否则牵一发而全体都要受影响，结果，便使外国文的原本不能和汉译本放在一处。

II

中外图书统一分类法，并不是一种发明。它是建筑在杜威氏十进分类法的基础上；加了小小的点缀，使更适于中国图书馆的应用罢了。

照前章所述，我们既然在各种分类法中，选出杜威氏一种认为较适于我国之用，同时我们又感觉杜威分类法不能包括许多关于中国的图书；因此，便认为有扩充杜威氏原有类号之必要。而且杜威氏的分类在我国图书界看起来，还有些轻重失当的地方；因此，又认为在相当范围内有变动杜威氏原有类号之必要。但是我们为着要使同类的书不至分开，尤其是不愿使原本和译本分开，所以又有维持原本和译本类号相同的必要。我们虽明知这三种必要，可是同时要一一满足他们的要求，却是很难的一件事。譬如要增加新的类号，便须减少旧的类号；但是旧的类号一有减缩，便使按杜威法分类的原本不能和按照改订杜威法分类的汉译本并列。又如国别一项，杜威系美国人，当然以美国居第一，作.1；英法德国分别作.2、3及.4；中国却居东方各国之下，作.91号。但中国图书馆界，尊重本国的心，不下于杜威，因此，就有改动杜威原类号的必要，往往把中国作为.1；美国移至.2；英法德各国也递降一位。这样一来，一部关于美国的书，在原文按杜威法分类，应归.1，但译成汉文以后，因为要和其他中国书一起排列，只好归入.2；这不是和同类之书不要分开的原则相悖吗？这不过是最小的变动，结果已是如此；若遇着别种的变动，或者为着增减类号而起的变动，相差就更大了。

我很侥幸，无意中得着一个救济的方法，能够增加无量数的新类号，却丝毫不至变动杜威氏原有的类号。我承认这绝对不是什么费气力的成绩，不过是偶然发见的一个关键罢了。

我因为幻想怎样创造新类号的方法，有一天，偶然看见邻近新造的房屋钉上门牌，这所房屋是介于一百八十三号和一百八十四号之间；因此，他的门牌便作为一八三A字样。我从这里忽然得着一点光明，以为房屋的号数，既可用ABCD来创造新号码；那么，图书馆的分类法，也可以仿照这意思对于中国特增的类号，一律加上一个"+"号，以别于杜威的原类号，同时杜威的原类号还是一点没有变动。譬如刚才所说的国别，我们仍旧可以维持美国的.1地位，却把中国作为+.1排在.1之前。此外新增各类，均仿照办理。这样一来，便将我的目的完全达到了。

第一节　本分类法的关键+ + + ± 号

"+"号的意义，已经在上面约略说过，因为这个符号就是本分类法的第一特点，所以要采用本分类法，必须对于这个符号的意义和功用能够彻底了解。

"+"号分做三种，第一种是单纯的"+"号，读作十字；第二种是两个"+"号所组成，读作廿字；第三种是由一个"+"号和一个"-"号组成"±"形，读作土字。

这三种符号，都位于号码之前，代表本分类法所用的新号码。这是三者相同之点。但是他们的意义和功用也各有不同，现在说明于下：

"+"号位于杜威原有号码之前，就成为一个新号码，与原有号码并行。像杜威分类法中323.1是民族运动；现在我们把"+"号位于323.1之前，形成+323.1，代表我国特有的民族主义，同时323.1仍作为民族运动。凡有"+"号的号码，必须排在无"+"号的同号码之前；但是无"+"号的号码若比有"+"号的稍小，那就不因有无"+"号，仍按号码的顺序排列。例如321.2；+321.2；321.1三个号码其顺序如下：321.1；+321.2；321.2

"++"号位于接连许多新号码之前，这许多新号码必定从整数起首，可以继续到整数九为止；即如++110为中国哲学，++111为易经，++112为儒家，++113为道家，++114为墨家，++115为名家，++116为杂家，++117为近古哲学家，++118为近代哲学家等，蝉联不断；因此从++110至++118中无论那一个号码都应该排在无"++"号的110之前。这些号码，所以如此排列，系因中国哲学至中国近代哲学家各类都有联带的性质，不能分开，也不当搀入他类。假使这些类号，都不用"++"号，而改取"+"号，按照排列的顺序，须把+110-118和110-118互相搀杂排列，其结果不是成为下列式样吗？

+110 中国哲学　　110 形而上学　　+111 易经

111 实体论　　+112 儒家　　112 方法论

+113 道家　　113 宇宙论　　+114 墨家

114 空间　　+115 名家　　115 时间

+116 杂家　　116 运动　　+117 近古哲学家

117 物质　　+118 近代哲学家　　118 力

依上开排列法，新旧类号，互相搀杂，既不美观，也乏系统；故决定改"+"号为"廿"，使廿110至廿118各号一律排在110至119之前，如此则新旧类号各能维持其系统，这也是很重要的一种规定。

"±"号的功用，介乎"+"号与"++"号之间。"+"号只能排在同号码之前；"++"号则不问个位的大小一律排在十位相同的号码之前，"±"号则不问有无小数及小数的大小一律排在整数相同的号码之前。例如 ±327 为中国外交，±327.1 为中美外交，±327.2 为中日外交，±327.3 为中英外交，±327.4 为中德中奥外交，±327.5 为中法外交，±327.6 为中葡外交，±327.7 为中俄外交，±327.8 为中国与欧美其他各国外交，±327.9 为中国与亚洲其他各国外交；以上各类号，都是不可分开的，所以全体须排在 327 外交之前。又如欧洲外交是 327.4，中俄外交是 ±327.7，但因"±"号的关系，就不问小数的大小，应把 ±327.7 排在 327.4 之前。照这样看起来，凡有"±"号的类号，在排列顺序时，应该把小数看作取消了，然后把有"±"号的类号排在无"±"号的类号之前，那就没有错误了。

现在总括一下，凡"+""++""±"三个符号都是本分类法就杜威分类法新增的类号。这些符号都一一列明在分类表上，对于分类的人，本无问题，惟排列书架的人，因为这三个符号，各有意义，须彻底明白上述的条件，才不致错误。这些条件，概括起来，就是"+"号只能排在绝对相同的号码之前；"±"号可以排在整数相同的任何号码之前；"++"号可以排在十位相同的任何号码之前。现在再举几个例如下：

812　　 ±813.5　　++816　　 ±813.3　　+812.4
+812　　813　　++819

以上各例依前述条件，应排列如下：

++816　　++819　　+812　　812　　+812.4　　±813.3
±813.5　　813

第二节　地名的分类

本分类法第二特点，就是关于地名的分类。杜威对于各国的地名，都是按着向来的习惯由洲而国，由国而省区县市等，逐个排列，逐个给它们顺序的类号。我们对于外国的地名，因为杜威规定的很详尽，又因为已经采用得很普遍，所以我们还是照他一样，没有什么改变。不过，关于中国的地名，杜威本来没有详细分类，所以国内的图书馆，都是仿他的原则按照中国的行政区域顺序列举，每处给它一个号码。东方图书馆从前的分类，也是这样。我国从前的首都是北平，所以按照各国的惯例，把京兆和直隶作第一区，用".1"来代表；东三省为第二区，用".2"来代表；山西，山东，河南为三区，用".3"来代表；其中各省和各该省中的各府县也就按照顺序，各加一位或两位小数。

杜定友先生的世界图书分类法，对于中国地名的分类尤其是详细。他的分类表一共不过二百一十余面，而其中的地名表却占了六十面上下。我从前就觉得这样的把各地名列举在分类表内，每一地名给它们一个无意义的顺序号码，在检查上是很费时不便的；并且还有列举不尽的，若遇着新添的地名，那就更无法对付了。现在呢，因为国民政府革命成功，（中华民国）国都已经移到南京；依着各国分区的习惯，当然要把江浙两省作为第一区；第二区呢，恐怕就有问题了。因为两广可以说是这次革命的发祥地，总要占第二位；两湖也可以说是辛亥革命的发祥地；安徽山东，又可以说是和江苏最接近；因此第二区的决定，就不容易了。况且国都并不是永久不变的，万一因地势上的便利，又有变动，图书馆所有的历史地理书，岂不是都要改变类号吗？所以我对于这一点，又决定一个重大的改革，就是不问各地方在政治上的关系如何，一律按它的名称，照四角号码检字法每字取其第一角的号码，譬如江苏就是".34"，江西就是".31"，浙江就是".33"，广东就是".05"，广西就是".01"。我们只要按着号码的顺序排列，既然省去检查地名表的工夫，还可以免除了谁先谁后的争执，以及随政治而转移的手续。至于县名呢，本来可以就全国的一千八百多县的名，第一个字取两角，第二个字取一角，譬如无锡县是".808"，江宁县是".313"，那就分析得很细密了。不过为着要相对的维持旧有习惯，所以要把同省的县，排在一处；因此我就决定：凡是县名都加上省名在前头。譬如无锡作为江苏的无锡，南海作为广东的南海等等。然后每一字各取第一角的号码，例如江苏无锡的号码是".3488"，广东南海的号码是".0543"。如果遇着单名的县，这个县名就取第一第二两角去补足所缺的一个数字；例如浙江的鄞县，其号码为".3347"，江苏的吴县为".3426"。有人以为照这样办法有两个问题：第一就是江苏同湖南两省的号码都是".34"，应该怎样分别。第二就是从前的书籍，往往有两湖、两广、两江等等的混合称谓，如照号码排列起来，恐怕不免要破开，那就应该怎么样呢？我对第一个问题的解决方法，就是遇着号码相同的两省，在第二码上头加一个指数，这个指数就是代表第二字第二角的号码。譬如江苏省的苏字第二角是"4"，湖南省的南字第二角是"0"，所以江苏的号码应该作".34^4"，湖南的号码作".34^0"。本来按照杜威的方法把一国土地分为若干区，同区的还是附加一个号码来区别；那么本分类法同号码的几省，也可以照样处置。况且杜威所附加的号码，仍旧是没有意义的，我所附加的号码，是按着四角笔画的种类，有一定意义的。因此这一个问题实在是不成问题的。关于第二个问题的解决法，也是一样的简单。譬如从前两湖归在一区，所以凡用两湖名义的书，还是排在一处。现在按四角号码排列，湖南湖北，一个是".34"，一个是".31"，好像是分开了；但是遇着这种跨有两区的著作，我主张不要排在".31"或".34"之下，应该排在".3"之下，那就可以归在一起了。此外两广两江也同此例；两广排在".0"之下，两江排在".3"之下，不过两江同两湖彼此都是".3"，须加上一个区别，就是刚才所说的一个指数的区别。就是将两湖作为

".3^7"，两江作为".3^1"，这样便有分别了。如果一个指数不够，还可以加上第二个指数，总使到每一地名，都有他的相当地位。这样一来，我们的图书分类表中，可以省去三四十面的地名表；分类的人，可以省去了许多检表工夫。同时还可以省去谁先谁后的争执和随政治转移的麻烦。所以我觉得这方法是很便利的。

第三节 分类表的活用

杜威分类法有一种很便利的地方，就是许多类号可以活用，只要明白他的意义，熟记了几个表，对于许多类号，便可以一望而知，用不着检查分类表，而且分类表上也用不着一一列举出来。我现在把这些活用表扩充为四种，并且确定其合并应用的方法。

第一活用表 九小类

我们试翻本书分类表第六面，在哲学类名之下直接看见有下列的九小类：

101功用　　102概论　　103字典辞典　　104论文；讲演录　　105杂志　　106学会；议录报告等　　107教学　　108丛书提要　　109历史

从这一段分类号码推究起来，我们知道"1"字，有功用或原理的意义；"2"字有概论通论的意义；"3"字有字典辞典的意义；"4"字有论文讲演的意义；"5"字有杂志的意义；"6"字有学会会议录报告的意义；"7"字有教学的意义；"8"字有丛书提要的意义；"9"字有历史的意义。我们若再翻看200宗教类名下，又见有"201—209之分类与101—109同"一语。因此，我们又知道无论在哪一个类名之下，加入上述的1，2，3，4……等号码，都含有上述各种的意义。因此，200是宗教，201便是宗教原理或宗教哲学（1字在哲学之外各科，作原理或哲学的意义），209便是宗教史；300是社会科学；301便是社会科学原理或哲学，308便是社会科学丛书，302便是社会科学概论；800是文学，805便是文学杂志，808便是文学丛书，809便是文学史等。以下由此类推，要是记得这九个字的意义，那就对于各类都可以把他分成小类来。不过有一件事，要特别注意：就是这九个号码用来表示前面所说九小类的意思，必定要排在一个"0"字之下，如果本来的类号是有两个"0"的，像"300"等，这个小类的号码，就应该填在第二个"0"的地位，成为"301""302""303"等式样。倘若原来号码只有一个"0"字，那就把九小类的号码，排在这一个"0"的底下，譬如"370"是教育，那教育史的符号应该是"370.9"，教育哲学的符号应该是"370.1"。又假使原来的号码是没有"0"的，譬如财政的类号是"336"，财政学史就应该在"336"之下先加一个"0"，再加"9"，成为"336.09"的形式。这就是说，凡是这个小类所用的号码都应该排在一个"0"字之下。

第二活用表　国别

这活用表分为两种：

第一种是关于文化的事业，只有文化较高的国家才有的，像分国书目，分国百科全书等，才适用这一种表。兹将本表列下：

+1中国　1美国　+2日本　2英国　3德奥　4法国　5意大利　6西班牙　7俄国　8挪威，瑞典，丹麦　+9东方诸国　9西方诸国　+91东方诸古国　91西方诸古国

例如本书分类表第四面"030"百科全书底下注明依"015"分国，这就是说，百科全书的分国方法和书目的分国方法一样，就是适用第一种的活用表。因此，只要按第一种国别活用表，分别把各号码加入030之下，便可以表示国别的意思。但国别的号码可以直接在类别号码之下，不像九小类要隔开一个"0"字的，所以030是百科全书，+031便是中国百科全书，+032日本百科全书，031美国百科全书，以下照此类推。

第二种是按照历史而分的国别表，现在择要开列于下：

940 欧洲　942 英　943 德奥　944 法　945 意　946 西　947 俄　948 挪威瑞典丹麦　949 欧洲小国　+950 中国　950 亚洲　952 日本　954 印度　955 波斯　959 亚洲东南部小国　960 非洲　962 埃及　964 摩洛哥　968 南非洲　970 北美洲　971 加拿大　972 墨西哥　973 美国　980 南美洲　981 巴西　983 智利　985 秘鲁　990 大洋洲　991 马来群岛　994 澳大利亚

本表还没有详尽，要知其详，可参看本书分类表940至999。但活用时第一个9字有时须删去，成为40至99的形式，这应该看应用本表的各该类有没有注明，譬如分类表中

336.4——.9号码下注明为各国财政；那就第一个9字，当然删去。此外没有这样注明，而且含有历史意义的，似应加上第一个9字。

关于中国的符号，也和其他各国相同；但于++950或++50和某类号并用时，应将++号改为+号，而且移在全号码之上。例如330是经济学，则中国经济学史应作+330.95。

上开第一第二两种国别表，以第二种应用较广。除分类表中注明照015分国者，应依第一表外，其余均依第二种国别表办理。

第三活用表　时代

代表时代的活用表，共有三种，分别列举并说明如下：第一种时代表，只适用于关系全世界的历史，计开：

930	上古	
909.1	476——1199	（A.D.）
909.2	1200——1299	（A.D.）
909.3	1300——1399	（A.D.）
909.4	1400——1499	（A.D.）
909.5	1500——1599	（A.D.）
909.6	1600——1699	（A.D.）
909.7	1700——1799	（A.D.）
909.8	1800——	（A.D.）
909.81	1800——1899	（A.D.）
909.82	1900——1999	（A.D.）

（例）

十九世纪经济史＝330.90981

二十世纪经济史＝370.90982

上古哲学史＝109.3

第二种时代表适用于欧洲或各国，但须排在国别之下，计开：

1 中古　　2 近世　　3 大战期内
（例）

欧洲中古外交＝327.401

美国大战期内财政＝336.733

第三种时代表，专用于中国史，计开：

++951　　历代

++952　　秦汉以前

++953　　三国；六朝

++954　　唐；五代

++955　　宋

++956　　辽金元

++957　　明

++958　　清

++959　　民国

（例）

先秦经济史＝+330.952

清代学术史＝±041.958

第四活用表　类别

这活用表很是简单，其目的在以一种类名说明别种类名。例如《教育心理学》一书，因为心理学的类号是150，教育学的类号是370，如果认为这书侧重于心理方面，其类号应作150：37，反之，若认为侧重于教育方面，其类号就改为370：15，这种例子，多适用于新的学科；为杜威旧分类法所未列举，故借此活用法，增加若干新的类号。

结论

以上列举四种活用表，除第四种为类名和类名的活用，形成新类号后，一切均照原类号办理外，其余三种活用表，均可同时并用，其原则如下：

（1）先小类，次国别，再次时代。

（2）两种活用号码之间，应加一个0号，如已有0号，则不必加。但小类之9与国别并用时，及国别与时代原系联为一号时，其间均不加0号。

现在依上列原则，举例如下：

教育思想史=370.109

（两小类并用）

英国政治概观=320.20942

（先小类后国别）

上古政治思想=320.1093

（先小类后时代）

欧洲近世外交＝327.402

（先国别后时代）

英国教育史＝370.942

（先小类，后国别，依原则（2）但书不加0号）

欧洲中古经济史＝330.9401

（先小类后时代）

欧洲中古经济思想史＝330.109401

（先两小类，次国别，再次时代）

中国先秦经济史＝＋330.952

（先小类，次国别，再次时代）

中国先秦经济思想史＝＋330.10952

（先小类，次国别，再次时代）

以上所举各例，均依原则编号；但实际上号码太长，写起来很不便当，若图书馆藏书不多，用不着详细区别的，可酌量删节，大抵可删节者有下列几种：

（1）最后的号码。

（2）时代的号码。

（3）特种类名关于历史之小类，如欧洲外交史的"史"字类号。

Ⅲ 中外著者统一排列法

图书的排列，除依照分类号码之外，还要按着著者姓名的顺序。这是因为同类号的书不止一部，须再按著者的姓名排列，才能够每书有一定的地位。我们常见图书馆书脊和目片所列的分类符号，都成为上下两行的形式。上面一行譬如写作3709，就是杜威的分类号码，表明这是一部教育史。下面一行譬如是M753乃是代表这本书著者的符号。这符号所代表者为Monroe氏，是按照美国图书馆学者卡特氏（Cutter）所编的著者姓名表而来的。这张表，共有十六面，每面长一英尺上下，宽六英寸上下，内容一万多个姓名，对于每一姓名除取其第一字母，像Monroe的M之外，再按照其在表上排列的顺次，给以一个号码。因此，这个号码是毫无意义的，是完全按照排列的顺序武断的。关于图书分类的符号，在略知其原则的人，大都可以从理解上推出一个号码。但对于著者的符号，却无论怎样有经验的人，总无法记得哪一个姓名应该用哪一个符号。因此，对于图书分类号码上所费的时间，远不如对于著者符号所费的时间来得多。这实在与图书馆工作能率有很大的关系。而且这方法，还有一个缺点，就是外国著者的姓名可以用一个字母和几个号码代表，中国著者，又应该用什么方法编成符号，才可以同外国著者排列一起呢？三年前当东方图书馆将要开幕的时候，我因为把中国书都按中外图书统一分类法排列，结果，已能够和外国图书排在一起。但后来觉得类号虽是中外统一，著者的符号，还是无法统一。当时因为东方图书馆赶紧要开幕，急不及待的便仿照圣约翰大学图书馆的办法，把中国著者的姓用罗马字母音译，取其第一字母和姓的笔数合成一个符号，譬如蔡元培的蔡字用罗马字母音译就成为Tsai，这里采他一个T再加蔡字的笔数15就成T15，的形式。照这样情形，与上述M735的外国著者号码并列起来，倒也像中外统一了。可是这方法绝无理由，并且很不方便；一来为什么要把中国的姓名用罗马字母音译？为什么不把外国姓名用中国字音译？二来究竟根据那一国的音译才对？三来中国字的读音各地方不同，究竟采那一处的读音？我们从前编成著者号码，是假定采英文拼音，而且把中国姓名按照国音的读法，所以翻译姓名的时候，只好以英人威妥玛（Wade）的国音英译表为标准。这样一来，虽可以矫正分歧的音译，可是凭空加上检表和计算笔画的工夫，又是何等的麻烦呢！我对于这方法常常不满意，以为须有根本的改革才好。自从我发明了四角号码检字法，把号码代表各字笔画的种类，就觉得外国字母，也可以按同样原理，用号码来代表。我想了好久，最近才想得一个方法，就是用十个号码代表二十六个字母，编成一种罗马字母号码表如下：

0	1	2	3	4	5	6	7	8	9
A	B	C	D	E	F	G	L	M	S
O H	P	K	T	TJY	VUW	Q	R	N	XZ

上表从0到9，每一个号码代表几个字母。其中除A, B, C, D, E, F, G, L, M, S十个字母系依顺次排列，极易记忆外，至于O字附属于A，就因为A，O两字声音相近；又H读如 Ha（哈）音，也是相类，此外像P和B，K和C，T和D, IJY和E（J字在德文读作Yot音）；V，U，W，和F；Q和G；N和M；XZ和S等，都很容易联想为一起。我们只要花几分钟，记熟了上面这张表，就绝对用不着检查什么姓名号码对照表，登时可就每一个姓名推到他们相当的号码。如果只取姓的四码，则Henry的号码，就是0487，Monroe的号码就是8087。如果要在姓的四码之外，加上两名的第一字母号码，那就Henry, O. B. 的号码，是048701，Monroe, Paul A. 的号码是808710。依这方法，不独

从前检查卡特氏姓氏表的工夫，完全可以省去，而且用不着把中国姓名翻成罗马字母，或是把外国姓名翻成中国字。对于外国姓名只要照上表翻成号码；对于中国姓名只照四角号码法编为号码，那就真个中外统一了。

我们最近已经把东方图书馆所有中外藏书三十余万册，都照中外著者统一排列法改编著者号码，实际上觉得六码犹嫌太多，只用四码就够了。我的四码取法，就是对于姓取其两码，两名各取一码；如果只有一个单名，那就对于名也取两码。例如蔡元培的号码是4414，胡适的号码是4730，Henry，O. B. 的号码是0401，Monroe，Paul的号码是8010，按照这种号码排列，如果有相同的书，那就对于相同的几个号码，再按书名第一字的第一角或第一字母，加一位小数在上述四码之后，就不至再有相同的了。依此方法，其利有三：

（一）无须把中国姓名译为西文，或将外国姓名译为中文；彼此均以世界共同的号码为共同标准。

（二）从理解上可以推得任何姓名的号码，绝对无须检表，可使编目者节省时间不少。

（三）在书库中参考书籍的人，如略知中外图书统一分类法及中外著者统一排列法，就用不着翻索引，可以直接从书架上检得所想检的书。

（民国十六年四月　王云五）

二、四角号码检字法序

　　检字的方法，在使用字母的国家，虽绝对无问题，而在我国却是一个大问题，和读书的便利，时间的经济，均有密切关系。一因字典词典系帮助读书的工具，所以检字方法的难易，就成为读书难易的一个重大原因；一因图书片目人名录商业名簿电话簿及其他种种索引，都是按字检查的，所以检字方法的难易也就影响及于时间的经济。

　　汉字检查的方法，现在最流行的就是《康熙字典》的部首法。这些部首一共二百十四个，以三四万字而论，平均每部不下二百字，而最大的部且十倍于这数；例如草部容有一九五六字，水部一六四五字，手部一三二二字，口部一二四六字，故分部之后，不能不再分笔画；然而较大的部中，同笔的字也往往在百个以上，即如草部的八画共二〇五字，九画共二〇四字。照这样检查起来，已经是万分的困难了。何况部首的界限极不分明，往往表面上应属于甲部的字，实际上却属于乙部，即如"夜"字不属于亠部而属夕部，"滕"字不属月部而属水部，"禽"字不属人部而属内部等例，不胜枚举。又如"求"字属水部，"承"字属手部，"危"字属 卩部，"者"字属老部，"年"字属干部，"衆"字属目部等，尤无从捉摸。至笔画一项，何者应连为一笔，何者应分为二笔，也没有一定的规则。好不容易找到了部首，仍须在百数个同笔的字中乱找一遍。如果找不着，就要在多一笔或少一笔里试找。如果仍找不着，只好向另一部里再找。照此找来找去，不知费了多少时候，才侥幸找得着所欲找的字。这不是绝大的困难吗？

日本所出的字书，其编列次第，却和《康熙字典》相反，大概先分笔画，后分部首。我国近也仿行，然而通常所用一万字上下的字典中，同一笔画的字，竟有多至一千的；而且计算笔画也时有异同，如臣字宋体作六画，楷体则作七画。在八千字上下的一副铅字中，有这样问题的字不下一千二百个。因此仍然免不了种种的困难。

我国新出版的字典，如商务印书馆的新字典等，于分部分画仍照字典旧例之外，往往于书前另编检字一卷，对于部首稍有疑惑的字，都按照笔画，顺序排列，每字之下，又注明页数以便检查。这方法虽可补救分部的缺点；然而检字表中七画至十二画每画所容的字，均在二三百以上，检查时仍不免大费工夫。

近顷所谓国音字典，则按照国音排列，似乎无甚例外。但目前距离国音普及之期尚远，即令此为最完善之方法，仍不是人人所能使用。何况我国文字都是单音的，纵然可以用字母缀音，同音的字必定很多，检查上仍是很不便利呢。

海通以来，西人学习汉文者颇多，深感汉字检查的困难，故利用科学的方法，殚精研究，建议了许多种的改革。最近十数年间，国人方面也深知改造字典排列方法的必要，从事于此项研究者不乏其人。兹分别举其主张概略于下：

（1）加勒尔氏（T.M.Callery），法兰西人，于一八四一年以法文著有《中国音韵检字法》（Systema Phoneticum Scripturae Sinicae），又于一八四四年著《中国语文辞典》（Dietionaire Encyclopedêque de la Langue Chinoise），主张按各字的首笔排列，但他自己对于这方法，并没有彻底的实行。他所著的辞典也是按照音符排列的；那同音的字再按着笔画多少顺序排列。按加氏虽有种种新意见，为外人主张改革我国检字法的先导，然其研究固未成熟也。

（2）华胥留氏（W.P.Wassiliew），俄人，著有《中俄字典》（一八四四年出版）及《中国文字之分析》（Analysis of the Chinese Characters）（一八九八年出版）两书。主张按各字的右旁或最低或最显著的笔画而排列。这主张却很有研究的价值。不过他的《中俄字典》还是先按音符排列，那同音符的字才按着右旁或最显著的部分排列；至他所分的母笔还没有根据一定的原理，而于各笔怎样结合的规则也没有说明。因此他的主张也只可算为一种研究的先驱，不能认为成熟。

（3）普勒特氏（P.Poletti）著有《中英字典》一书，其检字方法，系于按旧法检到部首之后，将剩余的部分再按部首或小部首顺序检查，好像西文找到第一字母之后再找第二字母一般，因此就用不着计算笔画了。这固然也是一种新颖的方法，不过对于旧法检查部首的困难仍然没有减少，而且剩余的部分未必一一都合乎部首，故检查上仍有许多不规则之处。

（4）鲁森堡氏（O.Rosenberg）俄人，研究汉字排列法极精，于一九一六年在日本出版有《五段排列汉字典》一书。其检字法先取五种方向的"一""丨""丿""乀""丿"各母笔为基础，再演为二十四子笔，更进而演为五百六十七个字母；这五百六十七个字母，分列六十栏。检字时先看右旁最低一笔系属何种母笔，再由母笔推定其属何种子笔，又从该子笔项下查明此字属于那一个字母；然后按照这字母栏下所列的栏数，向字典本部中检得该栏和该字母。至于同字母的许多字，则按照字体结构的情形而排列，计将各字体分为三种，一为单纯字体，如"立"字等；二为左右相连字体，如"泣"字等；三为上下相连字体，如"笠"字等；其顺序先单纯字，次左右相连字；再次为上下相连字；而同一顺序的字，则就其首笔依五种方向的先后分别排列。这方法分析很为精细，是其长处；但由母笔找子笔，由子笔找字母，由字母之栏数找字典中特定的部分，再由特定的部分按照字体结构找所欲找的字——先后计分四层手续，就中尤以最后一层手续为最困难，因每栏不止一字母，而每字母所含的字往往多至百数十个，费时既多，而且程度很浅或是年纪很小的学生，都不容易明白。所以我认为它还没有解决检字方法的难题呢。

（5）高梦旦氏十数年前有改革部首之草案；其方法但管字形，不管字义，将旧字典二百十四部，就形式相近者并为八十部，并确定上下左右之部居；此法自然较旧法为便利，但高氏自以为不彻底，故至今未曾发表。

（6）林玉堂氏研究部首不下十年，初时就首笔着手，将笔法分做五母笔及二十八子笔；譬如欲检"鲤"字先检"ク"于部首中，即得鱼部，再从鱼部中检"冂"则得"鲤"字。此法特殊处，在以察看首笔代计算笔画，检查上确较旧法便捷。近来林君又将其多年研究的首笔抛弃，另行研究末笔，实际上进步不少；现已将次完成，不日由商务印书馆印刷成书发表，此处不更多述。

（7）黄希声氏将汉字分析而成字母，凡二十种，既认此二十字母与外国文的字母相同，谓英文的 m a n 三个字母合而为 man "人"字，犹汉文之一撇一捺合而为"人"字一样。这方法虽很新颖，但恐不易实行。因为西文皆由左而右，毫无疑义；汉文则每字笔画，有上下左右交离接分之种种不同，纵勉强把笔画顺序来比附，然既须逐笔比较，则每笔的顺序都要彻底明白才好，这断不是初学的人办得到的。况且西文检字只须记得字母的顺序如 month（月）字的 m o n t h 五字母，便已尽其能事；而汉文检字，则对于"月"这个字，断非仅仅记得"丿""冂""一""一"四个字母而已足，却还要注意每笔的位置而后可。有了这样复杂情形，实行上自然不及西文之便利。

（8）何公敢氏对于检字方法，也有长期而细密的研究。他也是从首笔进行；但所走的是另一条路，与林氏绝不相同；具体的办法，不日可以公表，此处亦不详述。

此外研究汉字排列法者尚多；或者他们的方法，我还没有知道，或者他们的方法和上列这几种大同小异。因此我就不能多举其例了。

总之，上述各方法，互有短长，颇难遽行断定；至于我的理想中的汉字排列法，则必须合乎下列几个原则：

（一）人人都能明白；

（二）检查迅速；

（三）必须一检便得，不要转了许多弯曲；

（四）不必知道笔顺；

（五）每字的排列有一种当然的次序，不必靠索引上所注的页数或其他武断的号码，便能检查；

（六）不可有繁琐的规则；

（七）每字有一定的地位，绝无变动；

（八）无论如何疑难之字必能检得。

我对于这新检字方法的研究，始于民国十三年十一月。我的研究出发点就是一本电码书。我觉得翻电报的人由文字翻译电码，第一，须决定该字属于何部；第二，须从画数中找出该部首；第三，须从部首表中所注该部的页数检得该部；

第四，须从同部许多字中，按照笔画的多少，检查所欲检的字。其手续麻烦，费时长久，和《康熙字典》相同。至于收电报一方面的人，由电码检取文字，只须按照号码的大小，一检便得；其速率和便利，胜于由文字翻电码者不下十倍。因此我就起了一个念头，以为假使每字各有一个当然的号码，和电码书一般，排成字典或词典时，检查上真是万分的迅速便利啊！不过电报号码都是武断的规定；为什么这个字要用这号码，那个字要用那号码，绝对没有一定的标准。所以电报局里专门译电的人，为求迅速故，须得把电码书中的七八千个字，每字四个号数，一一熟读，牢记在脑筋里。我们试想一下，这是多么艰难的一件事呢？至于寻常人之由文字翻译电码，只有仍照《康熙字典》的检字法；所以表面上每字虽有一个号码，对于发电报的人却没有一点的便利啊。

我的思路到了这里，自然而然起了一种幻想——就是想发明一种方法，使每字都可推算得一个号码，只要明白这个方法，则千千万万字的号码，都可以从理解中推算出来，绝对用不着熟读，绝对用不着记忆。这样一来，那找字典词典的人，都好像收到了一封电报，从号码找寻文字一样的迅速便利。当我作此幻想的时候，曾经向家人和几个朋友说过，他们都持着怀疑的态度，以为这恐怕是一个空中楼阁罢了。就是我自己也不敢必其有成，不过姑妄为之而已。

曾几何时，这幻想竟成为事实。我自从起了这幻想，就先用科学的方法，把各种形体的字归纳起来，又分析起来，想从其中找出一把钥匙，可以开放这个几千年的大秘密。可是越想越觉其难，好几次要把这问题抛弃了。

有一天，我的幻想忽然发现一线的光明。我方在食饭的时候，忽然想起，平时我们计算字的笔画，系将各种笔画一起计算，所以每字只有最多不过两位的一数；但是笔画的种类很多，假使分别计算，则每字可有几种的笔画数量。譬如"天"字，合计起来，共得四笔，分计起来，却成为二横一撇和一捺，那岂不是有三个单位的数吗？我想到这里，不觉把桌子一拍，大笑起来，家人见这情形，不知就里，竟以为我要发狂，殊不知我的新检字法就在这时候开端了。

我的幻想从此有了着落，便日日依此范围研究，不多时便得了一个具体的方法。现在简单说明如下：

> "向来计算笔画，系将各种笔画一起计算，计开笔画最少者为一画的'一'字，最多者为三十五画的'齾'字；譬如一万字的字典里，若按三十五画分别排列起来，则每一画所容的字平均不下三百个，但十七八画以下和四五画以上的字数寥寥无几，因此那九，十，十一，十二等画中，每画所容的字数，自然要多到七八百以上了。"

现在我把笔法粗分做五类，第一类就是横和趯；第二类就是直和直钩；第三类就是撇；第四类就是点和捺；第五类就是各种的屈折。

每类笔法的数目，各用一个数目来表示，依序排列。

欲检某字时，先计算这字所含的横笔和上趯共多少，就把其数目记在第一位，次计算直和直钩共多少，把其数目记在第二位；此外三类笔法也照样计算，依序记数。如有某类笔法全缺的，就记上一个"0"数；又如有某类笔法超过9数的，只记上一个9数。兹列表于下：

位 次	笔法名称	笔法形式	举 例							
			天	地	玄	黄	宇	宙	洪	荒
第一位	横和趯	一 ╱	二	二	一	五	二	二	三	三
第二位	直和和直钩	丨 丁	〇	二	〇	四	一	二	二	三
第三位	撇	丿	一	〇	〇	一	〇	〇	一	一
第四位	点和捺	丶 乀	一	〇	二	二	二	二	三	二
第五位	屈折和右钩	乛乚乙乁乄	〇	二	二	二	二	二	〇	二

依这方法，每字都有一定的号码，按号码顺序，于字典中检字，都有一定不易的地位。

我依这方法，将常用的字一万多个排列起来，计共得五千九百八十余个号码，平均每一号码只容有两个字。

这方法，我称他为号码检字法，就是最初用有意义的号码来检字的方法。他的确是简单易学，无论何人，只需一二分钟的训练，便能懂得。

许多人现在听得这方法，恐怕和我当时的情形一般，认为十分美满，从此以后，检字法便没有问题了。但是遇着笔画较多的字像"鬱""瀨"等字，他究竟有多少横，多少直，多少撇，多少点，和多少折，我们虽也可以计算出来，不过反反复复的计算数回，纵然幸免错误，也要耗费许多时光。况且按这个方法检字，非将全字写在纸上，拿着一支笔等到每一种笔画点过之后，就记下一个号码，这样才不至于忘记。否则在横笔上错了一笔，就差到万数上；在直笔上错了一笔，就差到千数上，比诸普通计算笔数的方法，所差只在前后一两笔者，反有逊色。所以我对于这方法，在发明之初，虽然十二分的高兴，可是后来也是十二分的痛恨它，反对它。因为这方法虽然易学，但检查起来很是困难，不独费时，而且最易发生错误的；所以我就毅然把它抛弃，另行研究别的方法。

我虽然不满意于上述的号码检字法，可是我始终觉得按号码顺序检字是最自然的方法。我因此细细推究号码检字法的根本缺憾，结果查出有两点。其一，因为号码是从计算而来的，七就是代表七笔，八就是代表八笔，计算很费工夫，而且容易错误。其二，因为顾到全体的笔画，不独多费时间，而且为着中国字书法的歧异（在字之内部尤甚），像畾字也作畾，青字也作青，如果笔笔都要顾到，就不免增加许多错误。于是我就像对症发药一般，对于第一点，就把从前用来代表笔画数目的号码，去代表笔画的种类，譬如8并不是代表同样的八笔，乃代表一笔的左钩，9也不是代表同样的九笔，乃是代表一笔的右钩，详言之，当时的方法，规定把笔画分做九种，每种用一个号码代表；计开，1代表横或刁，2代表直，3代表交叉的直，4代表撇，5代表交叉的撇，6代表点或捺，7代表交叉的点捺，8代表左钩，9代表右钩。这样便可以一望而知其数，比从前须计算而得的号数便捷了好几倍，而且不至有计算的错误。对于第二点，我只取一个字四角的笔画去代表全体的笔画，譬如"江"字只要取左上角的"丶"，右上角的"一"，左下角的"丿"和右下角的"一"，总共四笔；此外各笔一律可以不管。因此不独可以大大的节省检查时间，而且对于其他各笔的书法分歧，完全不致发生错误。这个方法，我叫他"四角号码检字法"，自从在民国十四年十一月发表以后，中外人士来信以及在各种刊物中间表示好评的，有八十多起。请求采用的有二十多起。像美国国会图书馆中国藏书部主任司温格尔（Swingle）先生，也请求照我的方法来排列卖国国会图书馆的中国图书目片。但我自己对于初次发表的四角号码检字法还不大满意，还是要继续的研究，所以我都劝他们等到我的改订方法出来再行采用。此外像东方图书馆，从民国十五年起实际上已经把书名片和著者片照这方法排列，检查上也很觉得便利。我所以对于这个原定四角号码检字法不甚满意，其中至少有几点：

（1）四角间或有不容易决定的；

（2）笔画也有不容易决定的；

（3）例外颇多；

（4）同码字数也有过多的。

因此我又费了两年工夫，一面实验，一面研究。结果才成功这里所发表的第二次改订四角号码检字法。其实我对于四角检字法已经改订了七十多次，不过因为正式发表的只有三次；第一次我叫它做原订四角检字法，所以对于第三次发表的，便给它这个名称。我现在将原订四角号码检字法过渡到第二次改订四角号码检字法，中间研究经过的情形，择要列下：

一、关于四角位次者 （A）按原订四角检字法，四角中最有疑义的就是左下角。所以我将位次改为（一）左上（二）右上（三）右下（四）左下，循环一周。如此便把左下角排在第四位，偶有错误，相差不过在个位，还易纠正。（B）我国文字，除单体外，分为上下层字和左右边字两种。因此，我也曾试验，对于单体字和上下层的字如"日""昌"等，将四角位次仍作（一）左上（二）右上（三）左下（四）右下。对于左右边的如"锺"字等，则将四角位次改为（一）左上（二）左下（三）右上（四）右下。

后来笔画种类多采复笔，且将单笔酌量归并；其结果则左下角已无疑义。故（A）项的位次变更非必要。又（B）项的位次变更，虽可使字形排列较为整齐；但现在改订的四角法，因采用复笔，及其他条件的结果，排列上已较前齐整，自无须兼取两种位次，以增应用上的麻烦。基此理由，此次改订的方法，便仍采用原定的四角位次。

二、关于笔画种类者　笔画种类，极关重要。凡记忆上的便利，每码所含字数的多少，以及四角决定的难易，大都靠着这项。所以我致力研究也最多。由前年发表的四角号码法过渡到此处发表的第二次改订四角检字法，中间已经把笔画的种类变更过多次。第一次将原订四角法的笔画顺序变动，以便记忆。第二次将笔画改为横直撇捺角头人十叉九种，第三次改为横直撇捺叉插方角附九种。第四次改为人二三叉插方角直斜九种。第五次改为横直撇捺人方角叉插杂十种。第六次改为横垂捺叉插方角八杂九种。第七次改为横垂捺叉插方角八小杂十种。第八次改为一垂捺四头六七八小圈十种。第九次始决定现在采用的头横垂点叉插方角八小十种。其倾向大抵初时专采简单笔画，以后兼采复合笔画。采用复笔最多的系第四次，计九种之中占有七种复笔；且其中二三两种各括有十余笔在内。其后，乃将复笔之繁难者删除，即如第九次所采定的表面上虽仍有七种复笔，实则各笔号码的顺序，都有意义，即如头居首位，横居第一位，又为数目字之四，居第四位，角形似洋码之7居第七位，八形居第八位，小为最后之码，居第九位，此六码皆为现成的地位。此外垂点居横之后，插居叉之后，方居角之前。此四码亦甚自然，故记忆甚易，不至错误。又如笔形十种，虽有二十几笔，但形式上均以类相从，毫无混淆之弊。

三、关于规则者　原定四角检字法所定规则共十六条，且尚有若干例外未曾括入其中。此次改订的四角法只有正则四条，附则四条，绝无例外。

四、关于附角者　从前四角相同之字，须计算第一种笔画之数量，按其多少，加入第五码，此第五码之取得既由于计算数量，故其所需时间往往多于以前之四码。换句话说，要检出第五码，至少须照检出前四码加上一倍的时间。虽然这不过是一个补充办法，究竟美中不足。现在发明了附角，所以这第五码并不是代表第一种笔画之数量，却是代表附角笔画的种类。从时间上说起来，现在的五码不过等于照四码加上四分之一的时间；较从前加倍时间的可省去其八分之三。而且数笔画有时非将全字写出来不易明了，取附角则可以从脑筋中想像而得，尤为便利。

五、关于同号码字数之统计　按第一次四角检

字法排列，八千八百五十八字共得一千七百五十六号
码，平均每码容有五个字强。而按此次改订之四角检
字法，则七千二百余字中四角共得二千二百九十余号
码；平均每码所含不过三个字。若按附角排列，则共
得四千四百七十余号码，平均每码不满二字。其详细
统计见同码字统计表，兹不赘。

除了上述的研究状况以外，我还得说明下列几个最重要的
实验：

（一）在上海规模最大的中小学校实地测验，
从初小二年级起至高中三年级止，每级择优等中等
及次等生各一人，在半小时内将原订四角号码检字
法教给他们，再加十分钟练习，即以选定最有疑义
的六十个字叫他们一一记注号码。结果则初小二年
级学生绝对不能用部首法检字的，对于四角号码检
字法，都很能应用检字。

（二）在东方图书馆暑期实习所中，以八十几
个机关派来的实习员一百四十六人，用同等机会，
举行部首法、笔数法和四角号码检字法三种竞争试
验。结果四角号码法每字最速的只需时十秒点九，
比部首法及笔数法平均每一单字可省一分半钟，而
错误程序，却不及部首法八分之一。

（三）商务印书馆发报处有定户十四万余。从
前按部首及笔数排列，检一户名需时辄在数十分
钟，而且多有检查不出的；现照第二次改订四角号

码检字法改排，每检一片，平均需时不过二十秒钟，比旧法省时十分钟以上。又该馆杂志定户，用外国文的不及中文十分之一，按着外国字母顺序排列，每检一片，平均需时四十九秒钟。所以四角号码法检字还用不了西文字母检字所需时间之半。

就这些实例观察，就可以证明这第二次改订四角号码检字法，的确是最易学而且最易检的方法。我现在再从客观方面，将本法的弱点和优点都尽情列举出来，以资比较。计开本检字法的弱点有二：

（甲）对于已识他种检字法者，须耗费半小时用至一小时，去研究本检字法。

但已了解本检字法之后，则一生可以节省二年之时间。因为现在人事日繁，不但读书的人，须检查字典辞典和图书馆卡片，就是办事的人，也有检查电话簿电码书商业名录和办公案卷等等之必要；假定一人从十岁起至五十岁止，四十年间每日平均检查十个字，单字词语各半。依照检查单字速率表，本检字法每字较部首法省一分二秒（部首法检不出之字尚未计算在内），较笔画法省时一分四十五秒，两者平均，则每一单字节省时间不下一分半。何况所检查的当然包括词语在内，本来检查词语较单字需时更多，采用本检字法后，所省时间自然也较单字更多。现在假定每一单字或词语平均省时二分钟，并非过当。如此，则一生共节省

八千八百六十六小时。按每日工作八小时计算，可
节省六百零八日，连星期休假计算，此六百零八日
实等于两全年。

（乙）同形体之字不能尽排在一起。

但是旧法部首只有二百多个。每部容字多至数百，故不能
不以同形体并列。本检字法兼按附角排列，则七八千字可分为
四千多部，每部平均不过两个字，至多不过十几个字。再按补
充的规定排列，则每字自为一部，简直没有同部的字。所以同
形体的字能否排在一起，根本上便不成问题。

本检字法的优点有五：

（甲）是最彻底的方法

本检字法中任何条件，均经彻底的研究然后决
定。即如字体一项，宋体与楷体不同，而宋体与宋
体，楷体与楷体，亦各各殊异。本检字法虽以楷体
为主，但于所有宋体楷体一切书法的歧异，莫不加
以彻底研究，妥为救济。所以笔画种类中第一类包
括横刁右钩。第二类包括直撇左钩。第三类包括点
和捺等。和第八类之八，第九类之小，无一不含有
很深的意义。例如龍字的左下角。有时作撇，有时
作直；但本法撇和直总名为垂，属于同一号码，所
以毫无问题。此外像这样的例子极多。故字体无论
如何分歧错误，都可以一检即得。其他一切条件，
也经过同样的彻底研究。有些方法虽看似简易，但
只适于少数的字，本检字法则对于万字上下屡经实

验，绝无问题。且有附角和依次计算第一二类笔数等的补充规定，无论字数多至几何，均可使每字有一定的地位。

（乙）是最迅速的方法

本法以一部分的笔画代表全体，以笔画的种类代替数量；又没有其他居间的条件或两可的规定。在理论上，当然是最迅速的方法。在事实上，则经过一二百人的竞争试验，每检一字，最速的不过需时十秒钟有零，也可以证明这是最迅速的方法。

（丙）是最自然的方法

每字的四角都是自然的位置，可以一望而知。不像偏旁笔顺等人为的条件，须有充分的预备知识始能够利用；而且纵有充分的知识，也因习惯的不同或记忆的强弱，而易起怀疑或误会。所以别的方法，都要有相当程序的人始能学。只有本法，可使初学的儿童，以及凡能认识十种笔画的人，都学得明白。

（丁）是最直接的方法

只要记得十种笔画，则按字得号码，按号码直接检查，不必依赖其他索引所注的页数或号码。

（戊）是粗而密的方法

所谓密就是创造本法的人，对于无论大小一切问题，都加以周密的研究，不肯模糊过去。

所谓粗，就是应用本法检字的人，只须很粗浅的观察，便可以得其号码。试将本法和我从前发明的号码检字法比较，便知道他的价值。例如"瀬"字依从前的号码检字法，须分次计算横直撇点折各有几笔，才能够得着63343这个号码。而且计算时须将其字写在纸上，逐回记明其笔数，才不致忘却。但照现在的四角号码法，检字者绝对用不着把这字写出来，只须在脑筋里想象一下，觉得这字的左上角是点形（其代表号码就是3），右上角是角形（其代表号码就是7），左下角是刁形（其代表号码就是1），右下角是八形（其代表号码就是8），这样一来，"瀬"字的四角号码3718便立时形成，岂不是万分的便利吗？

（十七年十月十日　王云五）

三、印行"万有文库"第一、二集缘起

（一）

图书馆之有裨文化，夫人而知，比年国内图书馆运动盛起，而成绩不多觏。究其故，一由于经费支绌，一由于人才缺乏，而相当图书之难致，亦其一端也。以言旧书，则精刻本为值綦昂，缩印本或竟模糊不可卒读；以言新书，则种类既驳杂不纯，系统亦残缺难完备。因是，以数千元巨资设置小规模之图书馆，而基本图籍往往犹多未备。抑图书馆目的在使图书发生极大之效用，故分类与索引之工作洵为必要。当此图书馆人才缺乏之时，得人已非易易，幸而得之，然因是不免增加经常费用，或使经常费用消耗于管理方面者，反在添置图书之上。凡斯种种，皆图书馆发达之障碍，亦即文化发达之障碍也。

不佞近主商务印书馆编译所，踵张菊生、高梦旦二公之后，见曩印"四部丛刊"，阐扬国粹，影响至深且巨，思自别一方面植普通图书馆之基。数载以还，广延专家，选世界名著多种而汉译之。并编印各种治学门径之书，如百科小丛书，国学小丛书，新时代史地丛书，与夫农、工、商、师范、算学、医学、体育各科小丛书等，陆续刊行者，既三四百种，今拟广其组织，谋为更有系统之贡献；除就汉译世界名著及上述各丛书整理扩充外，并括入"国学基本丛书"及种种重要图籍，成为"万有文库"，冀以两年有半之期间，刊行第一集一千有十种，都一万一千五百万言，订为二千册，另附十巨册。果时力容许，后此且继续刊行，迄于五千种，则四库旧藏，百科新著，或将咸备于是。本文库之目的，一方在以整个的普通图书馆用书供献于社会，一方则采用最经济与适用之排印方法，俾前此一二千元所不能致之图书，今可三四百元致之。更按拙作中外图书统一分类法，刊类号于书脊；每种复附书名片，依拙作四角号码检字法注明号码，故由本文库而成立之小图书馆，只须以认识号码之一人管理之，已觉措置裕如，其节省管理之费不下十之七八。前述三种之障碍，或可由是解除乎？

虽然，选择书籍，至难之事也。吾今所计划者，非以一地方一图书馆为对象，乃以全国全体之图书馆为对象，非以一学科为范围，乃以全知识为范围；其困难尤异夫寻常。即如国学书籍，浩如烟海，本文库第一集所采，仅限百种，骤视实甚简陋，然欲使久陷饥渴之读书界，获糇粮以果腹，此中所选皆人人当读之书，并依适当进程，先其所急。又如世界名著，浩博逾乎国学，其间选择分配，尤为困难。一方既谋各科各类之粗备，他方复求各派学说之并存。总期读书界得就此狭小范围，对于世界之万有学术，各尝其一脔，此外新编各科小丛书，亦一一按其重要之程度而有相当之著述。又千种之中，比例力求均匀，只有互相发明，绝无彼此重复。此即私心所悬为鹄的，而企图达到者也。

中华民国十八年四月一日　王云五

（二）

民国十八年，余创编"万有文库"第一集，尝揭橥其缘起数事如下：

（一）比年国内图书馆运动盛起，而成绩不多觏，究其故，一由于经费支绌，一由于人才缺乏；而相当图书之难致，亦其一端。

（二）"万有文库"之目的，一方在以整个的普通图书馆用书供献于社会；一方则采用最经济与适用之排印方法，更按中外图书统一分类法，刊类号于书脊，每种复附书名片。除解决图书供给之问题外，将使购书费节省十之七八，管理困难，亦因而减少。

（三）国学书籍浩如烟海，世界名著广博尤甚。"万有文库"第一集千种中，治学门径之书占八百种，"国学基本丛书"与汉译世界名著仅各占百种；故所选只限于最切要之书。果时力容许，后此当继续刊行第二集三集，以迄于四五千种；则四库旧藏，百科新著，或将咸备于是。

今距本文库第一集创编时五年矣。中经"一·二八"之变，商务印书馆涉于危亡；文库未竟之功，不绝如缕。同人备尝艰苦，锲而不舍；及二十二年终，全集竟得与世相见；而初印五千部亦已分配于国内外图书馆或私藏之中。余幸能始终其事，殊自慰也。考文库第一集之购藏者固以图书馆占多数；而借文库第一集以树其基础之图书馆，尤比比皆是。朋侪及教育界人士来自各省内地者，辄称道本文库对于新兴图书馆之贡献，谓为始意不及料；而以编印第二集相勉。乃就五年前所悬拟者切实计划，惨淡经营，半载于兹；而本文库第二集之目录始粗定。发行有日，除述其与第一集之关系外；于彼此异同之点，亦不可无一言。

本集与第一集既为一贯之计划，则组织上有其相同者，自不能无相异者。相同者原以竟未竟之功；相异者自可弥已往之缺。国学基本书籍与世界名著为数极繁；第一集仅各占百种，第二集而后自宜逐渐扩充范围；此组织上所以不得不相同者也。农、工、商、医、师范、百科各小丛书为治学门径之作，第一集规模粗具，第二集自可别辟门径；此组织上所以不妨相异者也。余本此原则，从事编制；于是第一集与本集虽同为二千册，而第一集所由组成之丛书为数十有三，本集所由组成者为数仅四。其重要区别，即在一方面加重"国学基本丛书"与汉译世界名著之数量，前者由百种增至三百种，后者由百种增至百五十种；又一方面以自然科学小丛书及现代问题丛书二种而代第一集之农工商医等小丛书十一种。夫自然科学之亟待提倡，尽人而知；顾非有广泛而通俗之作，将无以通其门径。本集内容自然科学小丛书二百种，即所以导读者达于此秘奥之府也。又现代问题千变万化，备极复杂；吾人日处现社会中，苟昧于当前问题之进展与各专家对于解决各问题之意见，将不免有后时代之嫌。本集内容"现代问题丛书"五十种，即所以导读者随时代之转轮而俱进也。

本集书目，在草拟时最感困难者，莫如"国学基本丛书"。盖国学书籍既多，当读者亦不少；而本文库目的在依适当进程，先其所急。本集所收虽多至三百种，究属有限；选择标准既不敢凭少数人之主观，亦不宜据片时之判断。故于易稿三四次后，更取近人关于国学入门书目十三种作客观的衡量，斟酌损益，至再至三；结果三百种中未见于各家入门书目者，只十四种，此即为求各科各类之具备，而不得不补充诸家所漏列者也。他如汉译世界名著，因各国关于书评及选书之作多而备，选择之难虽稍逊于国学；然我国读书界之需要，未必尽同他国；彼之所必需者，或非我所必需。故除以各国书评或选书之作为一部分根据外，不能不参酌本国之特殊需要；取舍之间，亦尝经长期间之探讨也。

本集各书，在编纂上最觉复杂者，莫如"现代问题丛书"。此类创作，在国内外出版物中尚鲜其例。本丛书目的，在尽量搜集关于各问题之资料与意见，而为提要钩玄之编述；俾研究一问题者，得一书，不仅获鸟瞰的印象，并可依其导引，渐进本问题之全领域。惟编纂时对于资料之搜集与意见之分析，均需要长时间；专家既恐未暇及此，非专家又不易窥全豹。为解决此困难起见，经与若干著名大学合作，每一问题均由有深切研究之教授一人领导研究生一二人合力担任；俾得以其专供研究之长时间搜集所当研究之资料，且在专家领导之下从事工作，自不难有满意之结果也。

总之，"万有文库"第一集之编印，对于读书界虽微有贡献；同人固不敢以过去之成就而稍自满也；今当第二集发行之始，余益感责任之重，愿与编辑同人益加奋勉。惟是学识浅陋，计划容有未周；国内学者能不吝教正，使第二集将来之成就，视第一集尤有进，岂唯同人之幸，读书界实利赖之。

中华民国二十三年九月二十三日　　王云五

四、"国学基本丛书"四百种目录

一　说明

（一）本丛书所收各书，皆国学基本要籍，都四百种，收入于"万有文库"第一集百种，收入于第二集者三百种，约共一万一千万言。

（二）本丛书分为：

（1）目录学；（2）读书札记；（3）中国哲学；（4）儒家哲学；（5）道家哲学；（6）墨家哲学；（7）释家哲学；（8）杂家哲学；（9）社会科学参考书；（10）政法；（11）经济；（12）军事；（13）教育；（14）礼俗；（15）文字；（16）音韵；（17）方言；（18）算学；（19）天文历法；（20）时令；（21）植物；（22）动物；（23）医学；（24）药学；（25）农学；（26）饮食；（27）工学；（28）书画；（29）金石；（30）音乐；（31）文评；（32）诗评；（33）文

总集；（34）诗总集；（35）楚辞；（36）词；
（37）曲；（38）剧；（39）骈文；（40）楹联；
（41）墓志；（42）书牍；（43）笔记；（44）小
说；（45）汉魏别集；（46）六朝别集；（47）唐
别集；（48）宋别集；（49）金元别集；（50）明
别集；（51）清别集；（52）地理；（53）游记；
（54）传记；（55）谱表；（56）史考；（57）
纪年；（58）古史；（59）正史；（60）杂史；
（61）史论；共六十一类。

（三）国学书籍浩如烟海，本丛书所收者仅四百种，为求
去取之适当，故以下列各种国学入门书目为比较标准：

（1）龙启瑞《经籍举要》，列举书籍
二百八十九种，本丛书已收者一百十七种；

（2）张之洞《书目答问》，列举书籍
二千二百六十六种，本丛书已收者二百八十一种；

（3）胡适《最低限度国学书目》，列举书籍
一百八十五种，本丛书已收者一百十六种；

（4）梁任公《国学入门书目》，列举书籍
一百六十种，本丛书已收者一百十八种；

（5）李笠《国学用书撰要》，列举书籍
三百七十八种，本丛书已收者一百八十六种；

（6）陈钟凡《治国学书目》，列举书籍
四百八十八种，本丛书已收者二百零八种；

（7）支伟成《国学用书类述》，列举书籍

三千二百种，本丛书已收者二百六十八种；

（8）章太炎《中学国文书目》，列举书籍五十一种，本丛书已收者三十三种；

（9）徐敬修《国学常识书目》，列举书籍二百六十二种，本丛书已收者一百四十种；

（10）傅屯艮《中学适用之文学研究法》，列举书籍七十九种，本丛书已收者五十五种；

（11）沈信卿《国文自修书辑要》，列举书籍五十种，本丛书已收者十九种；

（12）汤济沧《中小学国学书目》，列举书籍一百零六种，本丛书已收者八十二种；

（13）吴虞《中国文学选读书目》，列举书籍一百四十二种，本丛书已收者八十一种。

（四）依前条比较之结果，本丛书所收书籍四百种，除十四种外皆见于各家国学入门书目，自系必要之书。本丛书各书名附列采入国学入门书目种数一栏，分别载明被采入书目之种数；种数愈多者，其必要之程度亦愈高。其未见于各家书目之十四种，为谋各科各类之具备亦皆为当读之书。

（五）本集所据旧本以注释精详讹字绝少者为准。

（六）本集各书均加句读并校正讹字。

二 书名及分类

(1) 目录学			
书 名	编著者	卷 数	采入国学入门书目种数
崇文总目辑释补遗	宋王尧臣	六	5
郡斋读书志	宋晁公武	八	5
直斋书录解题	宋陈振孙	二二	5
四库全书总目提要	清永瑢等	二〇〇	6
四库未收书目提要	清阮元	五	3
清代禁书总目	撰人不详	四	2
郑堂读书志	清周中孚	七一	3
书目答问	清张之洞	不分卷	8
经籍举要	清龙启瑞	四	4
伪经考	康有为	一四	1
阅藏知津	释智旭	四四	1
道藏目录详注	白云霁	四	1
(2) 读 书 札 记			
翁注困学纪闻	宋王应麟撰 清翁元圻注	二	9
古书辨伪四种	明宋濂等	一一	5
日知录	清顾炎武	三二	7
十驾斋养新录	清钱大昕	二三	6
读书杂志	清王念孙	八四	3
经义述闻	清王引之	三二	2
东塾读书记	清陈澧	二一	3
古书疑义举例	清俞樾撰 刘师培补	七	5
诸子平议	清俞樾	三五	3
经学通论	清皮锡瑞	四	2
(3) 哲 学——中 国			
中国古代哲学史	胡适	不分卷	2
(4) 哲 学——儒 家			
周易集解	唐李鼎祚	一七	4
周易姚氏学	清姚配中	一六	4
四书章句集注四种	宋朱熹	二六	4
论语正义	清刘宝楠	二四	3
孔子家语	清陈士珂疏证	一〇	2
孟子正义	清焦循	一四	4

书 名	编著者	卷 数	采入国学入门书目种数
荀子集解	清王先谦	二〇	4
孔丛子	秦孔鲋撰 宋宋咸注	三	4
新语	汉陆贾撰 清宋翔凤校	二	3
贾子新书	汉贾谊撰 清卢文弨校	一〇	4
论衡	汉王充	三〇	5
新序	汉刘向撰 明何良俊校	一〇	5
说苑	汉刘向撰 明何良俊校	二〇	5
潜夫论	汉王符撰 清汪继培校	一〇	4
申鉴	汉荀悦撰 清钱培名校	五	5
春秋繁露	汉董仲舒	一七	6
中论	魏徐幹撰 清钱培名校	二	5
中说	隋王通撰 宋阮逸注	一〇	2
宋元学案	清黄宗羲	一〇〇	4
周子通书	宋周敦颐撰 清李光地注	七	5
张子全书	宋张载撰 宋朱熹注	一五	4
二程遗书	宋程颢宋程颐	二六	8
象山语录	宋陆九渊	四	1
朱子语录	清张伯行	八	5
近思录集注	宋朱熹撰 清江永注	一四	5
松阳讲义	清陆陇其	一二	1
孟子字义疏证	清戴震	三	2
汉学商兑	清方东树	四	1
颜氏学记	清戴望	一〇	2
孝经义疏补	清阮福	九	3
汉学师承记	清江藩	八	3
宋学渊源记	清江藩	二	3
明儒学案	清黄宗羲	六二	4
王文成公全书	明王守仁	三八	4
清学案小识	清唐鉴	一五	3
清代学术概论	梁启超	不分卷	3
(5)哲 学——道 家			
老子本义	清魏源	不分卷	4
庄子集解	清王先谦	八	8
关尹子	周尹喜	一	3
文子缵义	宋杜道坚	二	2

书　名	编著者	卷　数	采入国学入门书目种数
抱朴子内外篇	晋葛洪撰　清严可均校	八	9
列子	周刘御寇撰　后魏张湛注	八	9
（6）哲　学——墨　家			
墨子闲诂	清孙诒让	一五	9
（7）哲　学——释　家			
大方广佛华严经	唐实义难陀译唐澄观疏钞	八〇	2
大佛顶首楞严经正脉疏	唐般利密谛译明真鉴疏	四〇	2
大乘起信论	马鸣造　圆英讲义	一一	2
（8）哲　学——杂　家			
尹文子	周尹文撰　清钱熙祚校	一	6
晏子春秋	周晏婴撰　清孙星衍等校	一一	5
慎子	周慎到撰　清钱熙祚校	一	2
鹖冠子	宋陆佃注	三	3
公孙龙子	周公孙龙撰　金受申释	三	5
鬼谷子	梁陶宏景注	一	3
吕氏春秋	题秦吕不韦撰　清毕沅校	二六	11
淮南鸿烈集解	汉刘安撰　刘文典集解	二一	4
白虎通义	汉班固撰　汉陈立疏证	四	4
颜氏家训注	北齐颜之推撰清赵曦明注	七	7
（9）社　会　科　学——参　考　书			
通志略	汉郑樵	二四	4
西汉会要	宋徐天麟	七〇	4
东汉会要	宋徐天麟	四〇	3
唐会要	宋王溥	一〇〇	4
五代会要	宋李攸	三〇	4
宋朝事实	宋李攸	二〇	3
明会典	明徐溥等	一八〇	2
清会典	清崑冈等	一〇〇	2
（10）政　法			
周礼正义	清孙诒让	八六	9
礼记集解	清孙希旦	六〇	10
韩非子集解	周韩非撰清王先慎集解	二	7
商君书	秦商鞅撰　清严万里校	五	3
盐铁论	汉桓宽撰　明涂桢校	一二	9
明夷待访录	清黄宗羲	二	2
折狱龟鉴	宋郑克	八	2

续表

书　名	编著者	卷　数	采入国学入门书目种数
唐律疏义	唐长孙无忌	三〇	2
唐明律合编	清薛允升	三〇	
（11）经　济			
管子校正	清戴望校	二四	6
（12）军　事			
孙子十家注	周孙武撰　清孙星衍校	一三	7
纪效新书	明戚继光	一八	2
（13）教　育			
童蒙训	宋吕本中	三	
人谱附类记	明刘宗周	三	2
（14）礼　俗			
仪礼正义	清胡培翚	六〇	3
（15）文　字			
尔雅义疏	清郝懿行	一九	6
说文解字注	清段玉裁	一八	8
说文通训定声	清朱骏声	二〇	8
说文释例	清王筠	二〇	7
说文句读	清王筠	三〇	1
说文古籀补	清吴大澂	一四	2
广雅疏证	清王念孙	一〇	5
释名疏证补附续释名及补遗	清江声　王先谦	一〇	5
匡谬正俗	唐颜师古	八	2
经传释辞	清王引之	一〇	4
助字辨略	清刘淇	五	3
康熙字典	清张玉书等	一二	2
马氏文通	清马建忠	一〇	3
（16）音　韵			
广韵	清陈彭年	五	3
集韵附考正	宋丁度等撰 清方成珪考正	二〇	3
音学五书	清顾炎武	三八	7
古今韵略	清邵长蘅	五	1
音韵阐微	清圣祖敕撰	一八	2
（17）方　言			
方言疏证	清戴震	一三	4

续表

书　名	编著者	卷　数	采入国学入门书目种数
续方言附补正	清杭世骏撰清程际成补正	二	3
（18）算　学			
算经十书	清戴震校		1
四元玉鉴细草	元朱世傑	二四	1
数理精蕴	清圣祖敕撰	五三	1
（19）天　文　历　法			
新仪象法要	宋苏颂	三	2
中西经星同异考	清梅文鼎	一	
长术辑要	清汪曰桢	一〇	1
（20）时　令			
夏小正疏义附音释异字记	清洪震煊	四	1
（21）植　物			
广群芳谱	清汪灏等	一〇〇	2
离骚草木疏	宋吴仁傑	四	2
植物名实图考	清吴其濬	三八	2
（22）动　物			
闽中海错疏	明屠本俊	三	2
蠕范	清李元	一六	1
（23）医　学			
黄帝素问注	唐王冰注	二四	1
灵枢经	撰人不详	一二	1
脉经	晋王叔和	一〇	1
（24）药　学			
本草纲目	明李时珍撰清张绍棠重订	六五	
（25）农　学			
齐民要术	后魏贾思勰	一〇	2
农书	元王桢	二二	1
农政全书	明徐光启	六〇	2
（26）饮　食			
饮膳正要	元忽思慧	三	
（27）工　学			
考工记	清戴震注	二	4
天工开物	明宋应星	三	
陶说	清朱琰	六	
河工器具图说	清麟庆	四	1

续表

书 名	编著者	卷 数	采入国学入门书目种数
营造法式	清李诚	三四	1
(28) 书 画			
珊瑚网	明汪珂玉	四八	1
图绘宝鉴	清夏文彦	六	2
画学心印	清秦祖永	八	
艺舟双楫	清包世臣	六	2
广艺舟双楫	康有为	六	2
书法正传	冯武	不分卷	1
(29) 金 石			
寰宇访碑记	清孙星衍等	二四	2
金石学	清李富孙		1
金石索	清冯云鹏等	一四	1
语石	叶昌炽	一〇	1
(30) 音 乐			
乐律全书	明朱载堉	五〇	2
律吕正义	清圣祖高宗敕撰	一二五	2
(31) 文 评			
文心雕龙	梁刘勰	一〇	3
文章缘起	梁任昉	一	2
文则	宋陈骙	二	
修辞鉴衡	元王构	二	1
(32) 诗 评			
诗品	梁钟嵘	三	8
诗式	唐释皎然	五	
全唐诗话	宋尤袤	六	2
五代诗话	清郑方坤	一二	3
苕溪渔隐丛话前后集	宋胡仔	一〇〇	3
诗人玉屑	宋魏庆之	二〇	4
唐诗纪事	宋计有功	八一	3
宋诗纪事	清厉鹗	一〇〇	2
元诗纪事	陈衍	一二四	1
明诗纪事	清陈田	一八七	1
(33) 文 总 集			
文选	梁萧统	四〇	8
古文苑	宋章樵	九	4

书 名	总著者	卷 数	采入国学入门书目种数
续古文苑	清孙星衍	二〇	4
唐文粹附补遗	宋姚铉撰清廓麐补遗	一二六	7
宋文鉴	宋吕祖谦	一五三	7
元文类	元苏天爵	七三	7
明文在	清薛熙	一〇	5
涵芬楼古今文钞简编	吴曾祺	四	2
（34）诗 总 集			
毛诗注疏	汉毛亨传汉郑玄笺 唐孔颖达疏	四〇	5
诗毛氏传疏	清陈奂	三〇	6
古诗源	清沈德潜	一四	8
玉台新咏	陈徐陵编清吴兆宜注	一	5
乐府诗集	宋郭茂倩	一〇〇	8
唐百家诗选	宋王安石	二〇	2
唐诗别裁	清沈德潜	二〇	7
宋诗别裁	清张景星	八	6
宋诗钞	清吴之振吕留良编 李宣龚校补	一〇五	6
元诗别裁	清张景星	八	6
明诗别裁	清沈德潜	一二	6
清诗别裁	清沈德潜	三二	6
湖海诗传	清王昶	四六	2
（35）楚 辞			
楚辞	后汉王逸注	一七	10
屈原赋注	清戴震注	七	7
（36）词			
词源	宋张炎	二	3
唐五代词选	清成肇麐	三	
宋六十名家词	明毛晋	八九	7
词律	清万树等	二〇	7
词苑丛谈	清徐釚	一二	4
明词综	清王昶	一二	2
漱玉词	宋李清照	一	1
断肠词	宋朱淑贞	一	1
草窗词	宋周密	四	1

书 名	总著者	卷 数	采入国学入门书目种数
白云词	宋张炎	八	1
松雪斋词	元赵孟頫	一	1
乌丝词	清陈维崧	一	2
延露词	清彭孙遹	一	1
弹指词	清顾贞观	二	2
珂雪词	清曹贞吉	一	2
饮水词 侧帽词	清纳兰性德	一	3
樊榭山房词	清厉鹗	一	2
茗柯词	清张惠言	一	4
金梁梦月词	清周之琦	一	1
（37）曲			
元曲选	明臧晋叔校	二〇集	6
曲谱	清圣祖敕撰	五	
曲话	清梁廷枏	五	1
太平乐府	元杨朝英	九	1
阳春白雪	元杨朝英	五	1
桃花扇	清孔尚任	二	3
牡丹亭	明汤显祖	不分卷	3
（38）剧			
剧说	清焦循	六	3
琵琶记	元高明	二	4
长生殿	清洪昇	二	6
董解元弦索西厢			3
（39）骈 文			
四六丛话	清孙梅	一	3
骈体文钞	清李兆洛	三一	10
（40）楹 联			
楹联丛话 附续话	清梁章钜	一六	·
（41）墓 志			
墓铭例 附广例	清王行乾 梁玉绳	四	2
（42）书 牍			
陆宣公奏议	唐陆贽	二二	4
林文忠公政书	清林则徐	三七	
历代名人书札 正续	吴曾祺	七	
（43）笔 记			
世说新语	宋刘义庆撰 刘孝标注	六	7

续表

书　名	编著者	卷　数	采入国学入门书目种数
唐语林	宋王谠	八	1
梦溪笔谈 补续	宋沈括	二九	4
容斋五笔	宋洪迈	七四	3
物理小识	明方以智	一二	1
庸盦笔记	清薛福成		1
（44）小　说			
旧小说	吴曾祺	二〇	2
穆天子传	晋郭璞注	六	3
搜神记	晋干宝	八	1
京本通俗小说	撰人不详	一	1
大宋宣和遗事	撰人不详	四	3
一百二十回的水浒	明施耐庵	一二〇回	6
西游记	明吴承恩		6
石头记	清曹霑	一二〇	6
镜花缘	清李汝珍	二〇	4
儒林外史	清吴敬梓		5
（45）别　集——汉　魏			
蔡中郎文集	汉蔡邕撰汉陆心源校	一一	3
嵇中散集	魏嵇康撰明黄省曾校刻	一〇	3
曹集诠评	魏曹植撰清丁晏诠评	一〇	3
（46）别　集——六　朝			
陶靖节集	晋陶潜	一〇	5
谢康乐集	宋谢灵运撰王士贤校	二	2
鲍氏集	宋鲍照	一〇	5
谢宣城集	齐谢朓	五	5
江文通集	梁江淹	一〇	5
徐孝穆集	陈徐陵撰清吴兆宜笺注	六	6
庾子山集	北周庾信撰清倪璠注	一六	4
（47）别　集——唐			
白香山集	唐白居易	七一	7
李太白集	唐李白	三六	7
杜少陵集详注	唐杜甫撰清仇兆鳌详注	二五	7
王子安集	唐王勃	一六	2
骆宾王文集	唐骆宾王	一〇	2

书　名	编著者	卷　数	采入国学入门书目种数
韩昌黎集	唐韩愈	五〇	7
柳河东集	唐柳宗元	五〇	6
张燕公集	唐张说	二五	2
曲江集	唐张九龄	二一	2
王右丞集	唐王维撰清赵殿成注	六	5
高常侍集	唐高适	八	3
岑嘉州集	唐岑参	七	1
孟襄阳集	唐孟浩然	四	7
韦苏州集　附拾遗	唐韦应物	一〇	7
刘宾客文集	唐刘禹锡	三〇	3
张司业集	唐张籍	八	2
孟东野集	唐孟郊	一〇	4
长江集	唐贾岛	一〇	1
昌谷集	唐李贺	五	1
李义山集	唐李商隐	一一	3
温飞卿集	唐温庭筠撰明曾益注清顾予咸补	八	4
（48）别　集——宋			
骑省集（即徐公文集）	宋徐铉	三〇	2
小畜集	宋王禹偁	三〇	2
林和靖诗集	宋林逋	四	2
范文正公集	宋范仲淹	三五	2
传家集	宋司马光	八〇	2
王临川集	宋王安石	一〇〇	3
苏东坡集	宋苏轼	一一〇	7
欧阳永叔集	宋欧阳修	一五一	6
陆放翁集	宋陆游	一六五	6
元丰类稿	宋曾巩	五一	3
嘉祐集	宋苏洵	一五	1
栾城集	宋苏辙	五〇	3
山谷内外集	宋黄庭坚	四四	2
淮海集　后集附	宋秦观	四六	2
后山集	宋陈师道	一〇	2
石湖居士诗集	宋范成大	三四	1
西山文集	宋真德秀	五一	1
白石道人全集	宋姜夔	八	1

续表

书 名	编著者	卷 数	采入国学入门书目种数
文山先生集	宋文天祥	二〇	1
(49) 别集——金元			
元遗山诗文集	金元好问	四一	8
湛然居士文集	元耶律楚材	一四	1
道园学古录	元虞集	五〇	1
铁崖古乐府附复古诗集	元杨维桢	一六	5
(50) 别 集——明			
宋学士全集	明宋濂	七〇	4
诚意伯文集	明刘基	二〇	2
高青邱诗集	明高启	二三	1
逊志斋集	明方孝孺	二四	3
升庵集	明杨慎	八一	2
张太岳集	明张居正	一二	1
震川集	明归有光	四一	5
(51) 别 集——清			
钱牧斋诗钞	清钱谦益	三	1
吴梅村诗集	清吴伟业	一八	5
亭林诗文集	清顾炎武	一一	2
壮悔堂集	清侯方域	一〇	3
曝书亭集	清朱彝尊	九〇	4
西河文集	清毛奇龄	一三三	2
渔洋山人精华录	清王士祯	一〇	4
敬业堂诗集	清查慎行	五〇	1
方望溪先生全集	清方苞	一八	2
鲒埼亭集	清全祖望	三八	5
潜研堂集	清钱大昕	七〇	4
瓯北诗钞	清赵翼	二〇	1
惜抱轩诗文集	清姚鼐	二六	6
洪北江集	清洪亮吉	六七	2
戴东原集	清戴震	一二	5
大云山房文稿初集二集言事补编	清恽敬	一一	4
两当轩诗钞	清黄景仁	二二	1
孙渊如诗文集附长离阁集	清孙星衍	二二	1
定盦全集	清龚自珍	一三	5

书 名	编著者	卷 数	采入国学入门书目种数
曾文正公诗文集	清曾国藩	六	7
人境庐诗钞	清黄遵宪	一〇	2
（52）地 理			
山海经	晋郭璞注清郝懿行重疏	一八	4
水经注	后魏郦道元	四〇	5
元和郡县志 附逸文	唐李吉甫	四三	3
元丰九域志	宋王存等	一〇	2
舆地广记 附札记	宋欧阳忞	四〇	1
诸蕃志	宋赵汝适	二	
读史方舆纪要	清顾祖禹	一三〇	5
四书释地	清阎若璩	六	2
十六国疆域志	清洪亮吉	一六	1
括地志	清孙星衍辑	八	2
蒙古游牧记附补注	清张穆	二〇	1
卫藏图志	清盛绳祖 何秋涛	一六	2
行水金鉴	清傅泽洪	一七五	2
续行水金鉴	清黎世序	一五六	2
历代地理志韵编今释	清李兆洛	二〇	4
（53）游 记			
大唐西域记	唐玄奘	一二	2
佛国记	宋释法显	一	2
宣和奉使高丽图经	宋徐兢	四〇	2
长春真人西游记	元丘处机	二	1
瀛涯胜览	明马欢	二	1
徐霞客游记	清徐宏祖	一	3
（54）传 记			
人表考	清梁玉绳	一	
高士传	晋皇甫谧	三	1
烈女传补注	清王照圆	八	4
畴人传 续编三编	清阮元	五六	2
历代画史汇传附录	清彭蕴璨	七四	1
（55）史 学——谱 表			
历代统纪表疆域表沿革表	清段承基	一九	2
历代史表	清万斯同	五九	2

书　名	编著者	卷　数	采入国学入门书目种数
二十一史四谱	清沈炳震	五四	2
历代帝王年表	清齐召南撰　阮福续	三	3
历代名人年谱	清吴荣光	一〇	3
（56）史　学——史　考			
考信录	清崔述	三六	4
文史通义	清章学诚	八	5
历代建元考	清钟渊映	一〇	1
（57）史　学——纪　年			
历代纪元编	清李兆洛	四	
竹书纪年	梁沈约撰　清洪熙煊校	二	6
春秋公羊传注疏	周公羊高撰汉何休解诂 唐徐彦疏	二八	5
春秋穀梁传注疏	周穀梁赤撰　晋范宁注 唐杨士勋疏	二〇	5
汉纪	汉荀悦	三〇	5
后汉纪	晋袁宏	三〇	5
通鉴纪事本末	宋袁枢	四二	6
宋史纪事本末	明陈邦瞻	一〇九	5
元史纪事本末	明陈邦瞻	二七	5
明史纪事本末	清谷应泰	八〇	5
（58）史　学——古　史			
尚书大传定本	汉伏胜述清陈寿祺辑注 王闿运补注	一五	5
尚书今古文注疏	清孙星衍	三〇	5
春秋左传诂	清洪亮吉	二〇	6
绎史	清马骕	一六〇	2
国语	吴韦昭注	二一	4
战国策	元吴师道校注	一〇	4
（59）史　学——正　史			
史记	汉司马迁	一三〇	10
汉书	清王先谦补注	一二〇	10
后汉书	清王先谦集解	一二〇	9
三国志	南朝宋裴松之注	六五	8
（60）史　学——杂　史			
逸周书集训校释	清朱右曾校	一〇	6

书 名	编著者	卷 数	采入国学入门书目种数
越绝书	清钱培名校	一五	4
吴越春秋	汉赵晔撰 元徐天祐注	一〇	3
十六国春秋	后魏崔鸿	一六	4
华阳国志附录	晋常璩撰 清颜广圻校	一三	2
契丹国志	宋叶隆礼	一七	1
大金国志	金宇文懋昭	四〇	1
九国志拾遗	宋路振撰 张唐英补	一三	1
蜀鉴	宋郭允蹈	一〇	
明季北略	清计六奇	二四	1
明季南略	清计六奇	一八	1
明季稗史	撰人不详	二七	1
（61）史 论			
史通通释	清浦起龙	四	2
读通鉴论	清王夫之	三	2
宋论	清王夫之	一五	2

五、辑印"丛书集成"序

　　昔李莼客有言："士夫有志于古而稍有力者，无不网罗散逸，香拾丛残，几于无隐之不搜，无微之不续；而其事遂为天壤间学术之所系，前哲之心力，其一二存者得以不坠，著述之未成者，荟萃而可传。凡遗经佚史，流风善政，嘉言懿行，瑰迹异闻，皆得以考见其略；而后之人即其所聚之书，门分类别，各因其才质之所近，以得其学之所归。于是丛书之功，在天下为最巨。"王丹麓亦言："丛者聚也，或支分于盈尺之部，或散见于片楮之间，裒而聚之也；又丛者杂也，或述经史，或辨礼仪，或备劝戒，或资考订，事类纷纶，杂而列之也。"两氏之言，其足为我国丛书之定义乎？

　　钱竹汀云："荟蕞古人之书，并为一部，而以己意名之者，始于左禹锡之《百川学海》。"按学海之辑，在宋咸淳癸酉，而俞鼎孙之《儒学警悟》刻于宋嘉泰间，前《学海》又数十年，是真丛书之祖。然二者虽有丛书之实，尚无丛书之名。其更前之"笠泽丛书"，则为唐陆天随个人之笔记，其自序称为丛脞细碎之书，虽有丛书之名，而实亦非丛书也。至若名实兼备者，实始于明程荣之"汉魏丛书"，而继以"格致丛书""唐宋丛书"等。

降及清代，丛书之刻，愈多而愈精。精者如黄氏之士礼居，孙氏之岱南阁；皆仿刻宋元旧椠，人无间言。博者如歙县鲍氏之知不足斋，南海伍氏之粤雅堂，子目逾百，卷数及千，自是丛书之范围益广。其泛滥群流，多文为富者，有张氏之《学津讨原》，吴氏之《艺海珠尘》等；其传布古籍，雠校最精者，有卢氏之抱经堂，胡氏之琳琅秘室等；其书求罕见，今古俱备者，有蒋氏之别下斋，钱氏之指海等；其专辑近著，搜亡抱缺者，有潘氏之功顺堂，赵氏之仰视千七百二十九鹤斋等；其羼入泰西政俗游历诸篇，新旧兼收者，有潘氏之海山仙馆，江氏之灵鹣阁等。他如官刻丛书，则武英殿聚珍版实为巨擘。郡邑丛书，则明代之《盐邑志林》导其先路，而泾川、岭南、金华、畿辅接踵而起。于是孔壁、汲冢之余，石渠、东观之秘，咸登梨枣。张香涛云："人自问功德著作不足以传世，则莫如刊刻丛书以垂不朽。"可见学者之重视其事矣。

迄于今，综顾朱傅罗诸氏之丛书目录，与杨李二氏之"丛书举要"所著录者，部数多至数千；诚大观矣。然一考内容，则名实不符，十居五六；删改琐杂，比比皆然。张香涛谓："丛书最便学者，为其一部之中可该群籍；欲多读古书，非买丛书不可。"夫以种类若是纷繁，内容若是庞杂；苟不抉择，多购既糜金钱，滥读尤耗精力。

余近年先后编印"万有文库"初二集，于"国学基本丛书"之取材印刷，考虑再三，一以购读者精力与金钱之经济为主要条件。文库二集计划甫就，张菊生先生勉余以同一意旨，进而整理此无量数之丛书；并出示其未竟之功以为楷式。余受而读之，退而思之，确认是举为必要。半载以还，搜求探讨，朝斯夕斯，选定丛书百部，去取之际，以实用与罕见二者为标准，而以各类具备为范围。别为普通丛书、专科丛书、地方丛书三类，类各区为若干目。普通丛书中，宋代占二部，明代二十一部，清代五十七部。专科丛书中，经学、小学、史地、目录、医学、艺术、军学诸目合十二部。地方丛书中，省区郡邑二目各四部。其间罕见者如元刊之《济生拔萃》；明刊之《范氏奇书》《今献汇言》《百陵学山》《两京遗编》《三代遗书》《夷门广牍》《纪录汇编》《天都阁藏书》等；清刊之《学海类编》《学津讨原》等；虽其中间有删节，微留缺憾，要皆为海内仅存之本，残圭断璧，世知宝贵，今各图书馆藏书家斥巨资求之而不可得者也。至若清代巨制，如武英殿聚珍版、知不足斋、粤雅堂、海山仙馆、墨海金壶、借月山房、史学、畿辅、金华等，原刻本每部多至数百册，内容丰富精审，皆研究国学者当读之书，所谓合乎实用者，其信然矣。

综计所选丛书百部，原约六千种，今去其重出者千数百种，实存约四千一百种。原二万七千余卷，今减为约二万卷。以种数言，多于"四库全书"著录者十之二；以字数言，约当"四库全书"著录者三之一。命名"丛书集成"，记其实也。

方今文化衰落，介绍新知与流传古籍，其重要相等。是书之出，将使向所不能致或不易致之古籍，尽人得而致之，且得以原值二十分之一之价致之。又诸丛书经董理后，取精去冗，依类排比；复按"万有文库"之式印刷，分订袖珍本约四千册，以便检阅，亦犹是编印"万有文库"之原意云尔。印行有日，谨述缘起如上。

中华民国二十四年三月九日　王云五

六、丛书百部提要

  萃群书为一书，故名曰丛；少者数种，多者数百种，大抵随得随刊，故先后无定序，刊者又各有所好，故彼此多复出。"丛书集成"初编选此百部，所涵书名，数逾四千。今依中外图书统一分类法，重加编订，以类相从，则浑者画；复统于一，则散者聚。除每书注明所属丛书之名，遇各部累见之书，则历记所属丛书于下，循流以溯源外；又以原分为百，今合为一，恐读者不获见原书真面，因各撰提要一首，略识梗概，以次列下。

（甲）普通丛书八十部

（一）宋代二部

儒学警悟　七种四十一卷　宋俞鼎孙俞经同编

  据序，书成于宋宁宗嘉泰元年。前人以《百川学海》为丛书之鼻祖；然《学海》刻于度宗咸淳九年，后于是书者，已七十二年。是书首《石林燕语辨》，次《演繁露》，次

《懒真子录》，次《考古编》，次《扪虱新语》，分为上下，而殿以《萤雪丛说》。凡四十卷。是书见《宋史·艺文志》类书类，卷数同。总目后嘉泰建安俞成海跋称为七集四十有一卷者，则以《萤雪丛说》又分为上下二卷也。原为嘉靖王良栋抄本，缪荃孙得之，雠校一过，武进陶氏为之刊行。

百川学海　一百种一百七十七卷　宋咸淳左圭辑刊

圭字禹锡，自称古鄭山人。其刻是书，自序题昭阳作噩；昔人定为宋度宗咸淳九年。书凡十集，集七八种至十余种不等。所收以唐宋人著述为多；间有晋代及六朝者。圭自序："余旧裒杂说数十种，日积月累，殆逾百家；虽编纂各殊，醇疵相半，大要足以识言行，裨见闻，其不悖于圣贤之指归则一。"又云："人能由众说之流派，溯学海之渊然；则是书之成，夫岂小补？"丛书之辑，虽有《儒学警悟》在其前，而寥寥数集，以彼方此，实不啻行潦之河海，洵可谓名副其实矣。

（二）明代二十一部

阳山顾氏文房　四十种四十七卷　明正德顾元庆辑刊

元庆字大有，长洲人，家于阳山大石下。藏书万卷，择刊善本，署曰阳山顾氏文房。其梓行纪年岁者，前为正德丁丑，后为嘉靖壬辰，多以宋本翻雕。或记夷白斋，或记十友斋，凡十一种。黄荛圃得其《开元天宝遗事》，跋其后曰："书仅明刻耳，在汲古毛氏时已珍之，宜此时视为罕秘矣。"又曰："唐朝小说尚有《太真外传》《梅妃传》《高力士传》，皆刊入顾氏文房小说。向藏《梅妃传》亦顾本，《太真外传》别一钞本，《高力士传》竟无此书。安得尽有顾刻之四十种耶？"如黄氏言，当时已极罕秘，今更百年，愈可珍已。

古今说海　一百三十五种一百四十二卷　明嘉靖陆楫等辑刊

楫字思豫，上海人。同时纂辑是书者，卷首嘉靖甲辰唐锦序，尚有黄良玉、姚如晦、顾应夫、唐世具诸人。序言："凡古今野史外记、丛说脞语、艺书怪录、虞初稗官之流，靡不品骘抉择。区别汇分，勒成一书，刊为四部；总而名之曰《古今说海》；计一百四十二卷，凡一百三十五种。"卷首总目：一说选部，小录家三卷，偏记家二十卷；二说渊部，别传家六十四卷；三说略部，杂记家三十二卷；四说纂部，逸事家六卷，散录家六卷，杂纂家十一卷。四库著录入杂家类。亦称其删削浮文，存其始末，视曾慥《类说》、陶宗仪《说郛》为详赡。参互比较，各有所长；搜罗之力，不可没云。

范氏二十一种奇书　六十五卷　明范钦校刊

钦字尧卿，一字安卿，号东明；鄞县人。嘉靖进士，累官兵部左侍郎。钦喜购书，筑天一阁以藏之。此集为钦所手订，世知宝贵。在全部中，《周易》及元包潜虚等书居其九，而《乾坤凿度》又析出为《乾凿度》《坤凿度》，故二十种亦称为二十一种也。内如吴陆绩注之《京氏易传》唐郭京之《周易举正》唐赵蕤注之《关氏易传》，皆不易得之书；正不能以其偏重而少之耳。十余年前，涵芬楼曾收得两同书二卷，亦天一阁刊本，版式与二十一种同。然是编既无总目，诸家书目亦均不载，故未并入。

今献汇言　三十九种三十九卷　明高鸣凤辑刊

《明史·艺文志》杂史类，高鸣凤《今献汇言》二十八卷；四库杂家类存目仅八卷。提要云："据其目录所刊，凡为书二十五种，乃首尾完具，不似有缺。"北平图书馆所藏，与通行汇刻书目，均二十五种；而书名异者乃十之四五。是编多至三十九种，较明史四库及见在仅存之本均有增益。其中《拘虚晤言》《江海歼渠录》《医闾漫记》《平定交南录》《平吴录》版心上有"献会"二字；《比事摘录》《菽园杂记》有"会"字；《守溪长语》有《献言》二字。存者均不过一二叶；然可见书名原作会言，不知何时改会为汇。此无刊书序跋，又无总目；是否完璧，未敢断也。

历代小史　一百六种一百六卷　明李栻辑刊

栻字孟敬，丰城人。嘉靖乙丑进士，官浙江按察副使。所著有《困学纂言》《四库著录》；凡一百五种。是本增《大业杂记》一种，博采野史，以时为次，自路史汉武故事起，至明中叶之复辟录止。每种一卷。遗闻逸事为稗史类钞等书中所未收者颇伙。各书虽多删节，不无遗憾；但重要节目，悉加甄录。序称中丞赵公所刊；四库馆臣不能考知为谁。察其版式，当刊于隆万间也。

百陵学山　一百种一百十二卷　明隆庆王文禄辑刊

文禄字世廉，海盐人，嘉靖辛卯举人。著有《廉矩》竹下寱言《海沂子》等书；收入四库。是编乃其汇刻诸书以拟宋左圭《百川学海》者；故以《百陵学山》为名。四库存目作丘陵学山。原书目录后文禄短跋，有原丘陵改百陵对百川丘宣圣讳改百尊圣之语。盖馆臣所见为初刊未全本也。目录以千字文编次。自天字至罪字，凡百号。其中钱子《法语》《巽语》二种，原名《语测》，实为一书。四库提要则谓自天字至师字，凡七十四种。卷首王完序亦言以千字文为编，凡数十种。序作于隆庆戊辰，文禄短跋作于万历甲申；相距十有七年。是定名百陵,实在刻成百种之后也。

古今逸史 四十二种一百八十二卷 明吴琯校刊

琯新安人,明隆庆进士。是编分逸志逸记。志分为二:曰合志,凡九种;曰分志,凡十三种。记分为三:曰纪,凡六种;曰世家,凡五种;曰列传,凡九种。凡例有言:"其人则一时巨公,其文则千载鸿笔,入正史则可补其缺,出正史则可拾其遗。"又言:"六朝之上,不厌其多;六朝之下,更严其选。"又言:"是编所书,不列学官,不收秘阁,山镵冢出,几亡仅存;毋论善本,即全本亦希,毋论刻本,即抄本多误。故今所集,幸使流传,少加订证,何从伐异党同,愿以保残守缺云耳。"在明刻丛书中,此可称为善本。

子汇 二十四种三十四卷 明万历周子义等辑刊

儒家七种:一、《鬻子》,二、《晏子》,三、《孔丛子》,四、《陆子》,即《新语》,五、《贾子》,即《新书》,六、《小荀子》,即《申鉴》,七、《鹿门子》。道家九种:一、《文子》,二、《关尹子》,三、《亢仓子》,四、《鹖冠子》,五、《黄石子》,即《素书》,六、《天隐子》,七、《元真子》,八、《无能子》,九、《齐丘子》。名家三种:一、《邓析子》,二、《尹文子》,三、《公孙龙子》。法家一种,《慎子》。纵横家一种,《鬼谷子》。墨家一种,《墨子》。杂家二种:一、《子华子》,二、《刘子》。原书前后无刊版序跋;仅《鬻子》《晏子》《孔丛子》《文子》《慎子》、墨子有本书前后序,均题《潜庵志》。归安陆心源定为周子义别字;其人于隆庆万历间官南京国子监司业。按南监本《史记》《梁书》《新五代史》,均余有丁与子义二人联名校刊;是书或同时镌版。黄虞稷《千顷堂书目》子部杂家类有余有丁子汇三十三卷；此为三十四卷，疑黄目传写偶误，否则所见或非足本也。

两京遗编　十二种六十五卷　明万历胡维新辑刊

维新，浙江余姚人，嘉靖己未进士，官广西右参议。万历间，维新任大名道兵备副使；以其地为古赵魏之邦，文学素盛，因辑是编。值洹水令原君兴学好文，遂命鸠工聚材，即其县刻之。所刻者，《新语》二卷，《贾子》十卷，《春秋繁露》八卷，《盐铁论》十卷，《白虎通》二卷，《潜夫论》二卷，《仲长统》一卷，《风俗通》十卷，《中论》二卷，《人物志》三卷，《申鉴》五卷，《文心雕龙》十卷；总称之曰《两京遗编》。按序凡十二种；唯《四库全书总目》仅有十一种，无《春秋繁露》。所据为内府藏本，或有残缺；此无足论。是编以所采皆汉文，故以两京名其书；然著人物志之刘邵为魏人，著《文心雕龙》之刘勰为梁人，而亦列入者，则序中固自言以其文似汉而进之也。

三代遗书　七种二十九卷　明万历赵标辑刊

標，山西解州人，万历丙戌进士；越八年，巡按畿南，辑印是书。自序："取前所契六种之书，稍加订改，因名之曰《三代遗书》；付大名守涂君，为之锓梓；盖书俱三代所遗者，而梓之今日，则三代之存，即余志也。"书六种：曰《竹书纪年》，曰《汲冢周书》，曰《穆天子传》，曰《批点檀弓孟子》，曰《考工记》，曰《六韬》；其后又增入三坟。万历戊寅贾三近刻版题词云："古有三坟，顾其书堇堇不多传；余在奉常署中，太原王公希克有藏本出示余，谓于长安道上败籍中得之。考其序旨，盖宋元丰间毛正仲氏见于泌阳旅人家，亦奇矣。余爱而手录，将谋锓梓，未遑也。会有友人滕王氏伯子守大名，因出付之。"此书实为后人伪撰；据此所言，则伪之由来亦已古矣。

夷门广牍　一百七种一百五十八卷　明万历周履靖辑刊

履靖字逸之，嘉兴人。好金石，专力为古文辞。编篱引流，杂植梅竹，读书其中，自号梅颠道人。性嗜书，间从博雅诸公游，多发沉秘。是编广集历代稗官野记，并裒集平生吟咏暨诸家投赠之作，号曰夷门，自寓隐居之意。刊成自序，则万历丁酉岁也。序称所辑有艺苑牍，博雅牍，尊生牍，书法牍，画薮牍，食品牍，娱志牍，杂占牍，禽兽草木牍，招隐牍；终以别传，寓间适觞咏二类于其中。凡一百有七种。四库存目称尊生书法画薮三牍皆未列入。是本所载，一一俱存。盖馆臣仅见残本，故误为八十六种耳。

稗海　七十四种四百八十卷　明商濬校刊

濬字初阳，浙江会稽人。是书自序："吾乡黄门钮石溪先生，锐情稽古，广购穷搜；藏书世学楼者，积至数千函百万卷。余为先生长公馆甥，故时得纵观焉。每苦卷帙浩繁，又书皆手录，不无鱼鲁之讹；因于暇日撮其纪载有体议论的确者，重加订正；更旁收缙绅家遗书，校付剞劂，以永其传，以终先生惓惓之心。凡若干卷，总而名之曰《稗海》。"所录唐宋诸家笔记，鉴别颇为精审，几于应有尽有。《明史·艺文志》列入小说家类，凡三百六十八卷。《千顷堂书目》则入类书类，凡四十六种。续二十七种，无卷数。是编卷首刊有总目，种数增一，卷数增八十；疑前人所记误也。

秘册汇函　二十二种一百四十一卷　明万历胡震亨等校刊

震亨，海盐人，万历丁酉举人，官兵部郎中。《明史·艺文志》类书类，胡震亨《秘册汇函》二十卷。千顷堂书目，增撰人姚士粦，卷数同。是编凡一百四十一卷，卷首有武原胡震亨孝辕、绣水沈士龙海纳、新都孙震卿百里、同题短引云："抄书旧有百函，今刻其论序已定者，导夫先路，续而广之，未见其止。书应分四部，而本少未须伦别，略以撰人年代为次而已。中更转写，雠校乏功，虽巧悟间合，而缺疑居多。"是随刻随续；此二十二种者必非同时刊成。明史所记，疑仅据初刻甫竣数种之本，故卷数特少。后未刊竟，遽毁于火。残版归常熟毛氏，孝辕等复为之纂辑，遂成津逮秘书。

纪录汇编　一百二十三种二百十六卷　明万历沈节甫辑陈于廷刊

节甫字以安，号锦宇，乌程人。嘉靖己未进士，官至工部左侍郎；天启初追谥端靖。《明史·艺文志》杂家类，沈节甫《纪录汇编》二百十六卷，与此合。是书刊于万历丁巳，卷首阳羡陈于廷序云："顷余按部之暇，得睹沈司空所袞辑《纪录汇编》若干种；虽稗官野史之流，然要皆识大识小之事，因亟登梓以广同好。"按是编均采嘉靖以前明代君臣杂记。卷一至九，为明太祖至世宗之御制诗文；卷十至十五，记君臣问对及恩遇诸事；卷十六至二十三，英宗北狩景帝监国之事也；卷二十四五，世宗南巡往还之纪也；卷二十六至三十四，则太祖成祖平定诸方之录；卷三十五至五十六，则中叶以来绥定四夷之绩；卷五十七至六十六，则巡视诸藩国者之见闻；卷六十七至九十六，则明代诸帝政治之记载；卷九十七至一百二十三，则名臣贤士科第人物之传记；至卷一百二十四以下，或时贤之笔记，或朝野之遗闻，或游赏之日记，或摘抄，或漫录，或志怪异，或垂格言，要皆足以广见闻而怡心目也。

稗乘　四十二种四十七卷　明万历孙幼安校刊

千顷堂书目类书类有此书名，无纂辑人姓氏。是本卷首李维桢序云："有集小说四十二种，分为四类：曰史略，曰训诂，曰说家，曰二氏者，而孙生持以请余为之目。"又云："小说虽不甚佳，可供杯酒谈谐之助……醒人耳目，益人意智，胜于庾信所谓犬吠驴鸣，颜延之所谓委巷间歌谣矣。是书编葺不得主名，孙幼安得之，校正以传，亦可纪也。"全书四十二种，中唯《因话录》分三卷，《蚁谈三十国纪》各分二卷，《积善录正续》共二卷，余均不分卷。以每种一卷计之，当共得四十七卷。千顷堂书目乃曰四十五卷，殆偶误欤？

宝颜堂秘笈　二百二十六种四百五十七卷　明万历陈继儒辑刊

继儒字仲醇，号眉公，松江华亭人。幼颖悟，诸生时与董其昌齐名，王锡爵、王世贞辈皆重之。年二十九，取儒衣冠焚之，隐居于昆山之阳；后筑室东佘山，杜门著述，名重一时，间刺琐言僻事，诠次成书，远近争相购写。其所居曰"宝颜堂"者，以得颜鲁公书朱巨川告身，故以名其堂也。按千顷堂书目类书类："陈继儒宝颜堂二十卷，又继秘笈五十卷，又广秘笈五十卷，又普秘笈四十六卷（原列书目四十九卷，六字疑误）。又汇秘笈四十一卷。"是本普集减一种，汇集增一种，著录之书亦略有差池。又此为种数，彼则称卷，稍有不同耳。千顷堂书目又云："正集前篇，有《见闻录》八卷，《珍珠船》四卷，《妮古录》四卷，《群碎录》一卷，《偃曝余谈》二卷，《岩栖幽事》一卷，《枕谭》一卷，《太平清话》四卷，《书蕉》二卷，《笔记》二卷，《书画史》一卷，《长者言》一卷，《狂夫之言》三卷，《续狂夫之言》二卷，《香案牍》一卷，《读书镜》十卷。"此即是本之眉公杂著也。继儒自言："余得古书，校过付钞，钞后复校；校过付刻，刻后复校；校过即印，印后复校。"所刊之书，虽多删节，不免为通人所斥；然名篇秘册，所在皆有，况至今又数百年，安得不珍为断圭残璧乎？

汉魏丛书　八十六种四百四十八卷　明程荣何允中清王谟辑刊

"汉魏丛书"先后三刻；首程荣本，次何允中，又次王谟；此即王本。按王序："是书辑自括苍何镗，旧目原有百种；新安程氏版行，仅梓三十七种（按程本实三十八种，王本总目缺商子，故误）。武林何氏允中又插益其半，合七十六种，而前序则东海屠隆撰。按何氏原跋云：往见纬真别本，分典雅奇古闳肆藻艳四家，以类相从，殊为巨观。纬真即隆字也；则似纬真又自有丛书行世。《明史·艺文志》类书门载有屠隆"汉魏丛书"六十卷，必即何氏所见纬真别本，但不应何本又冠以屠序也。"屠本今不可见。王氏增订凡例，亦言："二百余年，何本原书亦仅有存者；坊间所鬻，多以建阳书林所刻汉魏名文乘冒充。"今唯程本尚存，其前亦有屠序。总目经籍十一种，史籍四种，子籍二十三种；独集籍仅存一行，下无书名，颇疑程氏即覆刻屠本。改其所谓典雅奇古闳肆藻艳四家，易为经籍史籍子籍等类。其集籍一门，尚未付刊，戛然中止；故行世者仅存三十八种。虽迭经何王二氏增补，然以视何镗原编尚缺十四种。其目不存，无可考矣。何镗字振卿，号宾岩，处州卫人；嘉靖二十六年进士，官至江西提学金事。屠隆字长卿，一字纬真，鄞县人；万历五年进士，官至礼部主事。程荣字伯仁，歙县人。何允中，仁和人，天启二年进士。王谟字仁甫，一字汝上，金溪人；乾隆四十三年进士。

唐宋丛书　九十一种一百四十九卷　明钟人杰辑刊

人杰字瑞先，钱塘人。是编刊目，分经翼七种，别史十四种，子余二十种，载籍四十八种，又有书无目者二种。其中分卷者二十二种，不分卷者六十九种；每种以一卷计，共得一百四十九卷。书以唐宋名，然实不限于唐宋。载籍内有元人著述二种。剡上载澳序已申言之，曰："五代故唐之残局，而辽金元皆宋之遗疹，故统之唐宋。"至推而上之，有先秦六朝人之著作，则原目末行亦已记明"右补汉魏丛刻二十种"云。

天都阁藏书　十五种二十六卷　明天启程好之校刊

《四库全书总目提要》云："明程允兆编。允兆字天民，歙县人，故取天都山以名其阁。是书序称丁卯长至，不著年号。相其版式，全仿闵景贤快书，确为万历以后之本。所谓丁卯，盖天启七年也。"然程胤兆序："家弟好之慨之，暇日出其所藏钟仲伟《诗品》，杨用修《词品》，庚肩吾《书品》，李方叔《画品》，以及杂著种种，悉合而梓之。其搜揽未备者，随得续刻焉。题之曰《天都阁藏书》，而索序于予；予何以序之，不过就其所谓品者辨之而已。"是刊此书者，实好之而非胤兆。胤避清世宗讳，故改作允。是编所录，凡十五种，分诗词书画四品。中唯钟嵘《诗品》三卷，杨慎《词品》七卷，《书断列传》四卷，余均不分卷；以每种一卷计，当共得二十六卷。而四库存目，则定为二十五卷云。

津逮秘书　一百四十四种七百五十二卷　明崇祯毛晋校刊

晋字子晋，又号潜在，原名凤苞；江苏常熟人，世居虞山东湖。家富图籍，喜刻古书。晋既得胡震亨所刻《秘册汇函》残版，增为此编。《四库总目》云："版心书名在鱼尾下，用宋本旧式者，皆震亨之旧。书名在鱼尾上而下刻汲古阁字者，皆晋所增。分十五集，凡一百三十九种；中《金石录》《墨池编》有录无书，实一百三十七种。"是本一百四十四种；目录中亦无《金石录》《墨池编》二书，盖其后重加编订，续有增入也。提要又云："晋家有藏书，又所与游者多博雅之士；故较他家丛书去取颇有条理。"卷首胡震亨序云："郦氏之经云，积石之石室有积卷焉，世上罕津逮者；今而后问津不远，当不怪入其窟按其简者之为唐述矣。"之数语者，可谓是书定评。

诗词杂俎　十一种二十一卷　明毛晋辑刊

汲古阁当明清之际刊书最多，津逮秘书而外，所刊巨帙十三经注疏、十七史尤见重于时。钱受之言，毛氏之书走天下，洵不诬也。所刊历代诗词，亦数十集；此特其小品耳。所录凡十一种，首众妙集，宋赵师秀编；以风度流丽为宗，多近中唐之格，直斋书录不载其名，盖失传已久。《四库总目》称其去取之间确有法度，不似明人所依托。观其有近体而无古体，多五言而少七言，确为四灵门径云。末《女红余志》二卷，题龙辅撰；序称乃武康常阳之妻。阳序称外父为兰陵守元度公后，家多异书；辅择其当意者，编成四十卷，手录其最佳者一卷，是为上卷。下卷皆辅所作小诗。龙辅何时人，不可考，书亦罕见。

（三）清代五十七部

学海类编　四百四十种八百十卷　清曹溶辑陶越增订
六安晁氏排印

溶字洁躬，一字鉴躬，号秋岳，嘉兴人。崇祯丁丑进士，擢御史；入清，官至少司农。陶越字艾村，其门人也。曹氏辑成是书，初仅有抄本。卷首有辑书大意，分别四部，以类相从。一曰经翼，二曰史参，三曰子类，四曰集余。集余中又区为八类：一曰行诣，二曰事功，三曰文词，四曰记述，五曰考据，六曰艺能，七曰保摄，八曰游览。次又述其选录之旨，曰："一、二氏之书专说元虚及成仙作佛之事不录；一、诬妄之书不录；一、志怪之书不录；一、因果报应之书不录；一、荒诞不经之书不录；一、秽亵谑詈及一切游戏之书不录；一、不全之书不录；一、诗不系事者不录；一、杂抄旧著成编，不出自手笔者不录；一、"汉魏丛书"《津逮秘书》及《说海》《谈丛》等书所载者不录；一、部帙浩繁者不录；一、近日新刻之书及旧版流传尚多者不录；一、明末说部书不录；一、茶经酒谱诸书不录。"后又殿以杂言，详叙各书排次及抄写格式，而又拳拳于抄手之正讹，良朋之校勘，及同志之续成巨帙。曹陶二氏之苦心，可谓至矣。是书编定，迄未刊印；迨道光辛卯，娄县张允垂官杭州知府，得汲古阁毛氏所藏抄本，以畀六安晁氏活版排印，而其书始得行于世焉。

秘书　二十一种九十四卷　清康熙汪士汉校刊

士汉字隐侯，履贯不详。是编汇辑先秦汉魏六朝唐宋名著二十一种。其称曰《秘书》者，盖尔时尚为罕见之籍。先刊于康熙初年，至乾隆壬戌，其后人为之重刊；江永序云："隐侯汪先生尝取《汲冢》以下二十一种书，校而梓之，命曰《秘书》。书久风行，版浸蠹漫；其孙勖暨弟谟等复新之以承先志，今天下好古者共秘而传焉。隐侯先生有书癖，多著述；此集犹其一隅云。"江氏通儒；诵其言，可以信此书矣。

正谊堂全书　六十八种五百二十五卷　清康熙张伯行编
同治左宗棠增刊

伯行字孝先，晚号敬庵，河南仪封人。康熙进士，累官礼部尚书，为清代宋学大师。抚闽时，创建鳌峰书院，颜其堂曰正谊，集诸生讲授。搜求先儒遗著，手自校刊，分立德、立功、立言、气节、名儒粹语、名儒文集六部，刊成五十五种。同治五年，左文襄班师旋闽，重振文教，首访是书，存者仅四十四种；而鳌峰藏版，蠹蚀无遗，因设正谊堂书局，厘定重刊，增为六十八种，至同治八年竣工，定其名曰"正谊堂全书"。宋儒理学之著作，此为渊海已。

聚珍版丛书　一百三十八种二千四百十一卷　清乾隆敕刊

清高宗乾隆三十八年，诏儒臣汇辑《永乐大典》内罕觏之籍。初定一百二十六种，先刻四种；旋以木活字摆版，定名聚珍。除已刻四种，其余次第印行。宫史又称续印十二种。总计经部三十二种，史部二十九种，子部三十四种，集部四十三种；都二千四百十一卷。江苏、江西、浙江诸省先后翻刻，而福建所刻独多，且增为一百四十八种。广东广雅书局重刻，亦沿其误。近人陶湘据大内藏本，考订特详，定为一百三十八种。见故宫殿本书库现存目。

抱经堂丛书　二十种二百六十三卷　清乾隆卢文弨校刊

文弨字召弓，号矶渔，又号抱经，钱塘人。乾隆进士，官至侍读学士，以言事左迁，乞养归田。昧爽校书，日暝始罢，夜则篝灯复校；积二十余年，祁寒酷暑不稍间。每校一书，必搜罗诸本，反覆钩稽。乾隆间，汇刊所校汉唐人书及所著札记文集为"抱经堂丛书"；其卓识宏议，见于卢氏自为各书序跋。版式雅饬，镌印俱精。

知不足斋丛书　二百七种七百八十一卷　清乾隆鲍廷博校刊

廷博字以文，号渌饮，原籍歙县，迁于嘉兴之邬镇。颜所居曰"知不足斋"，藏弆既富，校雠尤精。所刻丛书，卢文弨称其无伪书俗书间厕，王鸣盛亦称其淹雅多通。精于鉴别，珍抄旧刻，手自校对；实事求是，正定可传。每集八册，刻至二十七集廷博卒。其后人踵而成之；自乾隆丙申迄道光癸未，成书三十集。在清代丛书中，可称翘楚。

奇晋斋丛书　十六种十九卷　清乾隆陆烜校刊

烜字子章，号梅谷，浙江平湖人。生平慕陈仲醇、胡孝辕、毛子晋之刻书，称其大公无我。又深鄙得有奇书异本私为秘物，唯恐人之借阅传抄。是编所收，为历朝名人杂录、诗话、游记。自序谓有出于前人所见之外者。书成于乾隆己丑，凡十六种。每书卷尾，烜均自为跋语。而于文山遗山两题跋，亡国孤忠尤三致意。可以窥其志尚已。

砚云甲乙编　十六种五十卷　清乾隆金忠淳辑刊

忠淳字古还，履贯不详。是书甲编，成于乾隆乙未；越三年，又成续编；编各八帙，所选皆明人说部。砚云，其书屋名也。甲编自序谓："王荆公云，不读小说不知天下大体。自《说郛》《说海》《稗海》秘笈诸刻，搜罗历代，不下千百种；然彼此互见，陈陈相因；是编大率写本居多，不敢湮没前修，俾共流传。"每书卷末，忠淳各自为短跋；惟乙编则均无之。

龙威秘书　一百七十七种三百二十三卷　清乾隆马俊良辑刊

俊良字嵘山，浙江石门县人。乾隆甲寅刊行是书。一集曰"汉魏丛书采珍"，二集曰《四库论录》，三集曰《古今集隽》，四集曰《晋唐小说畅观》，五集曰《古今丛说拾遗》，六集曰《名臣四六奏章》，七集曰《吴氏说铃揽胜》，八集曰《西河经义存醇》，九集曰《荒外奇书》，十集曰《说文系传》；集各八册。每集俊良自为弁语，以冠卷首。并引《云笈七签》所记"吴王阖庐游包山，见一人姓山名隐居，入洞庭之石城，取《素书》一卷呈阖庐，其文篆书不可识；问孔子，孔子曰，龙威丈人山隐居，北上包山入灵墟，乃入洞庭窃禹书"故事；名曰《龙威秘书》。

艺海珠尘　二百十七种三百七十五卷　清吴省兰辑刊

省兰字泉之，一字稷堂，江苏南汇人。乾隆戊戌钦赐进士，官至礼部侍郎。是编先以天干编第，成甲乙丙丁戊己庚辛八集；每集略分经史子集。其版后归金山钱熙祚，熙祚续成壬癸二集，其体例一如前书。然极罕见；近通行本有以金石丝竹匏土革木编次者，盖书版归苏州坊肆后所重订，固无壬癸二集，即前八集亦非复旧观矣。

经训堂丛书　二十一种一百六十二卷　清乾隆毕沅校刊

毕沅字纕蘅，一字秋帆，自号灵岩山人，江苏镇洋人。乾隆进士，历官陕西巡抚、湖广总督。好著书，铅椠不去手。经史小学金石地理之学，无所不通。尝谓经义当宗汉儒，说文当宗许氏；其为学之精博，观此可以概见。当开府西安之时，经术湛深之士，如孙星衍、洪亮吉、汪中辈皆从之游。是编所辑，有《校正吕氏春秋》一种，盖欲远比文信之咸阳蓄养宾客也。于关中舆地金石，亦有筚路蓝缕以启山林之功。其他各书，太半为毕氏校正及自撰之作；然亦幕府群贤赞襄之力为多。

贷园丛书　十二种四十七卷　清乾隆周永年辑李文藻刊

文藻字素伯，号南涧，益都人。乾隆进士，官桂林府同知，与历城周永年友。永年字书昌，乾隆进士，召修四库书，改庶吉士，授编修。永年尝约曲阜桂馥筑借书园，聚书其中；交文藻三十九年，凡相聚及简尺往来，无不言钞书事。及文藻官恩平潮阳，刻书十余种，其原本多得之永年。文藻殁后，永年于乾隆五十四年为之印行。序云："尚思续刻以益之；凡藏弄书版者，又将多所借以广之。"然是书止于初集，所收半为戴惠江钱诸大儒研经治音韵之作。

雅雨堂丛书　十一种一百二十八卷　清乾隆卢见曾校刊

见曾字抱经，号雅雨，山东德州人。康熙辛丑进士，两官两淮盐运使。是编刊于乾隆丙子，凡十一种。卢氏均各为序言，以冠卷端。首为《李氏易传》，卢序云："余学易数十年，于唐宋元明四代之易，无不博综元览；而求其得圣人之遗意者，以汉学为长，以其去古未远，家法犹存。"云云。其他各书，亦皆当时罕秘之本，且多出自精校名钞。如吴方山、钱牧斋、陆勑先、叶石君、王阮亭、朱竹垞诸人题记，均一一附刊于后；可谓信而有征矣。

函海　一百六十三种八百五十二卷　清乾隆李调元辑刊

调元字雨邨，号墨庄，四川绵州人。乾隆癸未进士；由广东学政，监司畿辅。正值四库初开搜采遗书之日，与往年翰院同馆诸人尺素相通，因得借观内府藏书副本。雇胥钞录，复开雕以广其传。始于乾隆辛丑秋，迄壬寅冬，裒然成帙。初刻续刻各二十函。一至十为晋六朝唐宋元明人未刊书，十一至十六，专刻杨升庵未刊书，十七至二十四则兼收各家罕见者参以考证，二十五至四十则为调元手纂之作，名曰《函海》，亦犹宋左圭之《百川学海》，明商睿智《稗海》也。嘉庆五年，避乱成都；车载往来，版多残缺。调元亦旋卒。其弟鼎元既为校正初印讹夺；道光五年，其子朝夔重修补刊，于是复为完璧。

汗筠斋丛书　四种十七卷　清嘉庆秦鑑校刊

鑑字照若，江苏嘉定人。是书刊于嘉庆初年，所辑仅成第一集；凡四种。一、《郑志》，钱东垣与其弟绎校订；二、《崇文总目》，东垣与其弟绎、侗辑释；三、《九经补韵》，钱侗考证；四、《后汉书补表》，钱大昭撰；大昭字晦之，嘉定人，博学多闻，与其兄大昕齐名。其子东垣字既勤，绎字以成，伺字同人；均能世其家学。右刊四书，皆钱氏一门之著述。照若与同里闰，故为流播。《崇文总目》《九经补韵》，照若亦与于校辑之役；见伺序及其自为后跋。

读画斋丛书　四十八种一百九十九卷　清嘉庆顾修辑刊

修字荩崖，浙江石门人。是书刊于嘉庆三年。自甲至辛八集，全仿鲍廷博知不足斋例，不以时代限，亦不以四部分第。每得一书必与廷博及仁和孙志祖商榷论定，又得萧山徐鲲为之点勘。校雠之精，堪与鲍书颉颃。甲集四种，为治选学之南针；其余各集，亦多考据经史，有裨实用。

拜经楼丛书　十种三十一卷　清嘉庆吴骞辑刊朱记荣重刊

骞字槎客，一字兔牀，浙江海宁州人。笃嗜典籍，遇善本，倾囊购之，不稍吝。所得不下五万卷。初刊"愚谷丛书"，并无总目，仅记入版心者三种；一《谢宣城诗集》，一《谗书》，一《拜经楼诗话》。其他随得随刊，均成于乾嘉之际，且并此名而无之。至光绪年间，吴县朱记荣重加编订，定名《拜经楼丛书》，凡十种。

岱南阁丛书　二十三种一百七十三卷　清嘉庆孙星衍校刊

星衍字渊如，江苏阳湖人。乾隆丁未进士，官至山东省粮道。先是分巡山东兖沂曹济时，以所居当岱山之南，颜其斋曰岱南阁。此编大都为其官东鲁时所辑，故亦以岱南阁名之。始刊于乾隆五十年，最后为嘉庆十四年；所收各书，除孙氏自撰诗文外，余多为星衍订补校勘之作。此大字本，凡十八种。又有巾箱本，凡五种；曰《周易集解》，曰《周易口诀义》，曰《夏小正传》，曰《急就章考异》，曰《王无功集》；其第五种通行本多佚去，此独全。

平津馆丛书　四十三种二百五十四卷　清嘉庆孙星衍校刊

星衍家守传书，历官中外，见闻尤博；其迻钞搜辑，历二十余年如一日。是书以天干分集，视岱南阁所辑种类较伙。其中诸子杂史，均据善本，校勘尤精。间有借助于友朋者。初印六集，嗣及八集，洎成十集，而印行极鲜。或疑当时刻犹未竣。然按星衍自序云："自甲到癸，终始十集，最目具详，叙例咸备，聊署平津之馆，敢悬咸阳之门。"序题嘉庆十七年，则是本固已十集具全矣。中更兵燹，原版尽毁，书亦廑存。光绪十年，吴县朱记荣取十集重为校刊，极称是书鉴别之精，校订之确，洵能备三善而绝五弊。又自述重刊之意，以为不特备三善，且兼四美，而五弊亦无自生。

问经堂丛书　十八种三十一卷　清嘉庆孙星衍孙冯翼同校刊

冯翼字凤卿，承德人。刻此书时，当嘉庆二年至七年；付刊之地，亦非一处。冯翼父官江南藩司，故有数书刊于金陵官署。其在山东廉访署者，则孙星衍为之校刊也。书凡十八种；其《郑氏遗书》《世本》《神农本草经》《尸子》《燕丹子》，均有星衍序。序称冯翼曰吾弟，曰从子，虽非同族，视犹子弟。冯翼笃嗜古书，其受星衍薰陶者深，亦颇有所辑录。是书之刻，冯翼尸其名，实则成于星衍之手。观于《神农本草经》题二人同辑，《尸子》卷末，署星衍弟星衡星衢二人校正；是可知也。故所收各书，卓然可传；冯翼亦附骥尾而名益彰焉。

文选楼丛书　三十四种四百七十八卷　清嘉庆阮元辑刊
道光阮亨汇印

元字伯元，号芸台，仪征人。乾隆进士，官至体仁阁大学士太傅，殁谥文达。此书半为文达一人著作；半为同时学者所撰，而文达为之刊印者。文达为清代朴学大师，而此书实可代表乾嘉学术之盛。道光壬寅，其弟亨印行是书，跋称文选楼积古斋诸处所贮书版恐渐零落，因以零种汇为丛书云云。计共三十四种。

士礼居丛书　十九种一百九十四卷　清嘉庆黄丕烈校刊

丕烈字荛圃，吴县人。乾隆戊申举人。喜藏书，得宋刻百余种，颜其室曰《百宋一廛》，元和顾广圻为"百宋一廛赋"以美之。嘉庆戊寅，刊成"士礼居丛书"十九种。其中如宋本《郑氏周礼仪礼》，天圣明道本《国语》，剡川姚氏本《国策》，与夫庞安常之《伤寒总病论》，洪迈之《集验方》，尤为罕见之书。所附札记，诠释音义，刊正谬误，允为校勘家翘楚。乾嘉之际，东南藏书家以士礼居为巨擘；取精用宏，故丛书所选为世所重。兵燹之后，流传绝少；好古之士珍如鸿宝焉。

学津讨原　一百九十二种一千四十八卷　清嘉庆张海鹏辑刊

海鹏字若云，号子瑜，江苏常熟人。是编取毛晋汲古阁《津逮秘书》而损益之；所收皆四库著录，有关经史实学，及朝章典故，遗闻轶事，间及书画谱录之类。去取之间，极为审慎。按津逮终于元代，是编迄明而止。其津逮旧刻诸书，本无序文，或有序而无甚发明者，皆录四库提要，以冠卷首。新增之书，则略述授受源流，与津逮旧收而重觅善本订定者皆附跋语以志颠末。嘉庆十年书成，引刘勰新论序之曰："道象之妙，非言不津；津言之妙，非学不传。"故名曰《学津讨原》。

墨海金壶　一百十五种七百二十七卷　清嘉庆张海鹏辑刊

海鹏既收毛氏汲古丛残之籍，汇为《学津讨原》；又广搜四部，博采九流，得古书之可以附庸六籍者，汇为是编。按其凡例，自称悉本四库所录，其从宋刻旧钞录出者，什之二三，余则以文澜阁本为多。首取其原本久佚，辑自大典者；次取其旧有传本，版已久废者。书必完帙，不取节录。若原有残缺，无可补钞，则就所见梓之。至于校订精谨，不惮再三。若彼此互异，未敢遽定，则间附小注两存之。嘉庆二十二年版成，吴门石韫玉为序其端，引王子年《拾遗记》云："周时浮提之国献神通善书者二人，肘间出金壶，中有墨汁如漆，洒之著物，皆成篆隶科斗之字。"海鹏以此名其书，盖将使金壶中一点墨洒遍华严世界也。传闻是编摹印仅百部，未几其版即毁于火，故流传极少。

借月山房汇钞 一百三十五种二百八十三卷 清嘉庆张海鹏辑刊

是编专收明清两朝撰述，与《学津讨原》《墨海金壶》范围不同。凡经学、小学、杂史、野乘、奏议、传记、地理、政书、史评、儒家、术数、艺术、谱录，以及杂家、小说、诗文评类，本末之学略备。名曰《借月山房汇钞》，识读书之地也。海鹏自序谓："所刻悉取诸近代，论必雅而不俚，事必信而可考，言必实而可施。"可以征其声价矣。

湖海楼丛书 十三种一百九卷 清嘉庆陈春辑刊

春字东为，萧山人。喜蓄书，颜其书楼曰湖海。与汪继培交；继培家富藏弆，每得善本，辄出以相示。春父七十寿辰，继培以精校列子张注为寿，春为付梓，即此丛书之滥觞也。春博学多闻，时思流布秘籍，以为娱亲之举。择考证经史有裨实用者次第写版，继培复为之校定。其中《潜夫论笺》十卷，即为继培所作。复得王晚闻为之赞助，成书凡十三种。其版至光绪初年犹存。

二酉堂丛书 二十一种二十七卷 清道光张澍辑刊

澍字时霖，一字伯瀹，号介侯，又号介白，武威人。嘉庆进士，官云南石屏县知县。初主讲兰山书院，纂五凉旧闻四十卷；旋复搜辑关陇著述，肇自周秦，暨乎隋唐，凡二十四种。即籍非乡邦，孤本罕见，亦为捃摭，得十二种。道光元年刊于二酉堂，先成二十一种。余十五种迄未续刻。西北文献，略见于斯。

泽古斋重钞　一百十种二百三十九卷　清道光陈璜校刊

璜字寄磻，上海人。嘉庆间，常熟张海鹏刊《借月山房汇钞》，既成，其家不戒于火，版就散佚。璜购得之，因其残帙，递为补刊；并将原书间有舛讹者，加以厘订，易其名曰《泽古斋重钞》，所以识其自来也。书刊于道光三年。

守山阁丛书　一百十二种六百六十五卷　清道光钱熙祚校刊

熙祚字锡之，江苏金山人。读书喜为校勘之学。道光初，得张海鹏墨海金壶残版，补订为“守山阁丛书”。阁以守山名者，熙祚于县属秦山构祠建阁，藏书于中，冀与此山相守于无穷也。每以张氏抉择未当为恨，乃与南汇张文虎、金山顾观光等，商榷去取，分别校勘。阮文达称其书多从浙江文澜阁录出。其他亦多据善本，无别本可据，则广引群籍以证之；或注按语，或系札记。其采择校雠之精，迥出诸家丛书之上。绩溪胡培翚序，亦嘉其精择审校，足以津逮后学；昔贤著作苦心，不致淹没于讹文脱字。道光二十三年书成，逾年而熙祚谢世。

珠丛别录　二十八种八十二卷　清道光钱熙祚校刊

熙祚辑“守山阁丛书”成，自唯有遗珠之憾；因又摭取所余，刻为此书。文史而外，凡农圃医药百工技艺有一得可观者，咸加甄录。序云：“一名一物，亦足以博闻多识。”校雠之慎，与守山埒；而罕见之珍，殆尤过之。

指海　九十种二百三十六卷　清道光钱熙祚校刊

张海鹏借月山房之残版，既归陈璜，补缺订讹，易名

《泽古斋重钞》。未久，复由陈氏转入钱氏，版片多毁。钱氏富于收藏，既得残版，重加校补，增若干种，改题《指海》。熙祚增补之旨，见于其子培让培杰之跋，谓："凡古今书籍，佚而仅存，向无刊本，及虽有而道远不易购，或版废不可再版者；又或碎金片玉，别本单行，易于散佚者；又道藏流传，未经著录，及近人著述有关学问政治风俗人情者；皆罗而聚之。"至道光二十三年，刊成十二集。明年熙祚卒，遗命其子续刊。此为十二集本，均熙祚手刻；惟续成八集，尚未列入。阮文达序"守山阁丛书"云："钱氏又仿鲍氏知不足斋丛书例，辑为小集，随校随刊，取抱朴子语名曰《指海》；今先成者十二集。"张文襄书目答问，刊于光绪初元，亦云止刻十二集；盖续集流传于世者极少也。

得月簃丛书　二十种五十二卷　清道光荣誉辑刊

荣誉字子誉，满洲正白旗人，官河南鲁山县知县。是编分初刻次刻。初刻成于道光十年，越二年又成次刻。刻各十种，每种荣誉自撰小序，冠之卷首。荣誉世有藏书，泊宦中州，携之行笈，复从友人借录，以资泛览，盖亦满洲好学之士也。初刻自序，窃比于篑土之微，涓流之细；其意盖将有所继进而为陵山川海之观，乃仅至次刻而止，识者惜之。

宜稼堂丛书　十二种二百五十五卷　清道光郁松年校刊

松年字万枝，号泰峰，江苏上海人。好读书，筑宜稼堂，藏书数十万卷，手自校雠。以元明旧本世不多见，择尤付刊。至道光二十一年，成书十二种。松年熟于三国时事，故首采宋萧常元郝经之《续后汉书》，其次为宋人秦九韶、杨辉《算书》七种，均世间罕见之本。末附以戴剡源袁清容二集，亦元代文学巨子。郁氏于各书均附札记，校勘极精，与寻常之灾梨祸枣迥不侔也。

十种古逸书　十卷　清道光茆泮林辑刊

泮林字鲁山，高邮人。题所居曰"梅瑞轩"。是辑各书，昔仅散见其名于群书之中。泮林手自搜辑，自道光十四年至二十二年刊成十帙。阮元时年七十九，穷一日之力读之，序其简端云："茆君积数十年之力，博览万卷，手写千篇，裒集之中，加以审择；编次之时，随以考据；可谓既博且精，得未曾有。"洵推许备至矣。

惜阴轩丛书　四十种三百十六卷　清道光李锡龄辑刊

锡龄字孟熙，三原人。道光时官中书。于宅后构一园曰远眺，轩曰惜阴，贮书九万余卷。手披口吟，几无虚日。择其刊本罕见者，重加雠校，付之梓人。道光二十年，先成十五种；越五年，续增十九种。剞劂未竟，锡龄遽逝。其表弟张树续为校刊，以成其志。其书仿四库例，分经史子集。合前后刻编第之。有四库未收，展转迻录，为人间所未见者；亦有名登四库，而其本不同，且有所增益者；又有世俗通行，讹谬迭出，沿袭已久，特加订正者。其乡人路德跋叙綦详。梓行既久，为世推重。至光绪中叶，长沙复为之重刊。

连筠簃丛书　十二种一百十二卷　清道光杨尚文校刊

尚文字墨林，山西灵石人。嗜金石，善图绘，尝有刊书之志。时平定张穆课其弟子言于其家，因为之董理。所刊凡十二种，如元朝秘史、西游记，在历史地志中极有价值；群书治要，为久佚之秘籍；癸巳存稿，亦时贤之名著；而镜镜诒痴，乃百年前研究物理之书，作者固得风气之先，而为之流播者，亦可谓之先知先觉矣。每书冠以石洲序言，署签者并为当日书家之何绍基，亦足见其审慎不苟焉。

海山仙馆丛书　五十九种四百八十五卷　清道光潘仕成辑刊

仕成字德畲，广东番禺人，官兵部郎中。是书刊于道光二十九年，卷首例言略谓，必择前圣遗编，足资身心学问而坊肆无传本者，方付枣梨。且务存原文，不加删节，即立说未尽曲当，悉仍其旧，未便参改。所选除经史外，兼及书数医药调燮种植方外之流，而讲武之谋略，四夷之纪录，亦不嫌于人弃我取。书仅五十九种，以比粤雅虽规模差逊，而声价相等，有若先河后海焉。

续知不足斋丛书　十七种四十四卷　清高承勋校刊

承勋字松三，直隶沧州人。是编版心均题续鲍丛书，其版式亦与鲍书一律。凡二集，第一集六种，第二集十一种，比之鲍氏原刻诚有部娄与泰岱之别。即以方后“知不足斋丛书”，时人亦或有轩轾。然其所采，未必即逊于鲍氏原书；惟刊本均不记年月，高氏亦无前后序跋。

别下斋丛书　二十七种九十一卷　清咸丰蒋光煦辑刊

光煦字生沐，号放庵居士。海宁人。少孤好学，喜藏书，积四五万卷。其以别下名斋者，取宋王应麟“困而学之别于下民”之义，嘉兴李富孙尝撰别下斋藏书记以章之。光煦先以所藏若干种付剞劂，为宜年堂丛刻，然其书不传。是本题为咸丰丙辰重编，盖就前书更订覆刊也。卷末附豫章赵惪《诗辨说》一卷，原本目录不载，当系后增。

涉闻梓旧　二十五种一百十四卷　清咸丰蒋光煦校刊

光煦既刊《别下斋丛书》，意犹未尽，复以是书继其后。前书李序，在道光辛丑；是编金石录续跋，署道光丙午，是后六年而始成也。书凡二十五种，其门类与前书大致相合；总目书名下，亦题丙辰年重编，不知何以析而为二。所收各书，大都罕秘之本。金石录补续跋，从未镂版，世鲜传本。《云麓漫钞》《稗海》所刻只四卷，此为十五卷，与四库著录本同。至《斠补偶录》，则光煦读书时之札记，有书十四种。末为《陈后山集》，注云嗣出，其后卒未刊行；则此固为完璧矣。

粤雅堂丛书　二百八种一千二百八十九卷　清咸丰
伍崇曜校刊

崇曜原名元薇，广东南海人。雄于财，先辑岭南遗书，粤十三家集，楚廷耆旧遗书，即其地名曰粤雅堂。其后复有丛书之刻，先举七难，定厥标准，尽出旧藏，复事转借，仍由谭玉生为之参订。崇曜间据所得，附跋卷尾。始于道光庚戌，至咸丰乙卯，成二十集，凡一百二十八种。后又成续集，凡五十八种。继以三编，至同治壬戌，成十二种，事忽中止。至光绪乙亥，又成十种，而三编以毕。最后十种，伍绍棠为之跋。前乎此者，皆伍崇曜主之；而始终任校勘者，则谭玉生也。亦有编全书为三十集者，续集中之《孝经音义》《东观奏记》《疑龙经》《撼龙经》，反未刊入；岂重编时书版已散佚耶？

琳琅秘室丛书　三十种九十四卷　清咸丰胡珽校刊
光绪董金鉴重刊

珽字心耘，浙江仁和人，原籍安徽休宁。父树声，善藏书；所购多宋元旧本，不吝重值，或手自缮录；积至千百卷，颜其居曰"琳琅秘室"，日事校雠于其中。珽绍其绪，取先世遗书，及己所续得善本，邀集同志，逐卷勘定；遵聚珍法鸠工印行，名曰"琳琅秘室丛书"。于咸丰四年先成四集，每集总目，各附解题，自为札记，叙其得书之自。原书舛误者更作校勘记附后。其活版有讹者，另列校讹。中经兵燹，书靡孑遗。光绪戊子，会稽董金鉴仍用活字翻印，复辑其师友之说，续成校勘，间附己意，订正阙讹，重以问世。

小万卷楼丛书　十八种六十八卷　清咸丰钱培名辑刊

培名字宾之，别号梦花，金山人。其族父熙祚刊"守山阁丛书"及《指海》，培名复发其旧藏，补所未备，刊为是编；不以时代门户为限，期于实用。辄跋其著书条理及得书始末，附之卷尾，或札记其错误，犹熙祚书例也。会遭兵燹，刊未及半，事遂中止；仅就所成者编之，得十八种。万卷楼者，钱氏藏书之所。培名迁居张泾堰，故自别曰小云。兵乱既戢，复归旧居，印本版片，荡焉俱尽。光绪初，南汇张文虎怂恿之，乃据旧版翻刻。原刊有续吕氏读诗记，因世有单行本，删之而补以武陵山人杂著。时为光绪四年。

天壤阁丛书　十九种五十四卷　清光绪王懿荣校刊

懿荣字莲生，山东福山人。父祖源，博学能文，官至四川成绵龙茂道。懿荣以光绪六年成进士，承其家学，笃嗜金石文字，收藏颇富，于书无所不窥。庚子拳乱，官国子监祭酒，以身殉难，予谥文敏。是书刊于同光之间，凡十九种，有其父祖源序者十种。

滂喜斋丛书　五十四种九十五卷　清光绪潘祖荫辑刊

祖荫字伯寅，号郑盦，吴县人。咸丰壬子进士，官至工部尚书，谥文勤。学问淹雅，士林奉为宗师。是书刊于同治丁卯，终于光绪癸未；分四函，每函中略分四部。所搜辑者，除晚清经师著述外，多为其乡先辈及同时僚友之诗文集。

功顺堂丛书　十八种七十五卷　清光绪潘祖荫辑刊

祖荫既刻"滂喜斋丛书"，又选近人治经学小学书八种，史二种，笔记四种，诗文四种，汇为是编。就中国史考异一书，顾炎武最服其精审（撰订者潘柽章、吴炎，即炎武所谓遭明书之难之潘吴二子也）。

十万卷楼丛书　五十种三百八十五卷　清光绪陆心源校刊

心源字刚甫，一字潜园，号存斋，归安人。咸丰举人，官至福建盐运使。藏书极富，著有《皕宋楼藏书志》《仪顾堂集》。清《续文献通考·经籍考》纪是书云："浙西藏书之富，除杭州丁氏外，以归安陆氏为冠。心源搜访宋元遗书，于光绪己卯刊成兹编，必照原本，必求足本，非若宋左氏《学海》、元陶氏《说郛》删节讹脱触目皆是。"是书分初二三编，每编皆依四部排列；所据多为宋元刊本，心源复自加校正，颇见审慎。

咫进斋丛书　三十八种九十三卷　清光绪姚觐元校刊

觐元字彦侍，浙江归安人。道光举人，官至广东布政使。觐元承其家学，好传古籍，尤精于声音训诂；故搜采独多。所刻之书，必期尽善。先后十年，成三十余种。方开藩粤东时，番禺陈澧睹其全书，为之序，称其别择精而校雠善，足补从前丛书所未备。且属其及门陶春海，依刻书年月，先后编为三集，集以四部为次，其中以阐明声音训诂之学为多。所录有销毁抽毁书目，禁书总目，违碍书目，略可窥见清代文字之祸。言掌故者，有所取焉。

仰视千七百二十九鹤斋丛书　三十八种七十四卷　清光绪赵之谦辑刊

之谦字益甫，又字㧑叔，浙江会稽人。道光末年，沈氏鸣野山房藏书散出，精本多归于其友杨器之。之谦时往假录，先后得书百三十余种，遭乱尽毁。同治初元，入都应试，稍稍购置，复有所得。光绪戊寅，权鄱阳令归。发愤陈箧，取旧时所得卷帙至简者，辑为是书，间附己著，先后成四十种。其书晚出，故有《英吉利广东入城始末记》，实为最新史料。其署名曰"仰视千七百二十九鹤斋"者；之谦自序，谓因病梦见群鹤翔舞，羽翼蔽天，为数一千七百二十有九，然其水中之影，则为鹳鹅鸡凫，且杂螳螂虬蜣蚖蝾蠼蜎之属，并无一鹤。盖自慨屈居下僚，而卑鄙龌龊之辈，反踞其上，故为此寓言以自遣也。

后知不足斋丛书　二十五种七十卷　清光绪鲍廷爵校刊

廷爵字叔衡，江苏常熟人，浙江候补知县。本籍歙县，慕廷博之为人。其父名振芳，喜藏古书；廷爵续加搜采，因汇辑旧传及时彦著述有裨于实学者，刊成是编，即以"后知不足斋"名之。景企前徽，意甚盛也。书分四函，凡二十五种，以经术小学金石目录之属为多。刊于光绪八年至十年。廷爵于其父手辑金石订例及唐人刘赓稽瑞二书，各为短跋于后。卷首潘曾玮徐郙二序，于刊书之旨，无所阐明。

式训堂丛书　二十六种九十五卷　清光绪章寿康辑刊

寿康字硕卿，会稽人，光绪初为张文襄幕宾，知嘉鱼县。嗜古敏学，殚力校雠，所蓄无虑数十万卷。少随父官蜀中，即以刻书为事。是编刻于光绪十二年，凡二集。所采如毕沅、徐松、庄述祖、梁玉绳、桂馥、卢文弨、孙星衍、胡天游、郭麐等，均一代名家著述，羽翼经史，多裨实学，足与萧山陈氏湖海楼媲美。

古逸丛书　二十七种一百八十六卷　清光绪黎庶昌校刊

庶昌字莼斋，贵州遵义人。光绪辛巳使日本，于彼搜得古书，次第播行，属杨守敬为之校刻。庶昌自序，谓"刻随所获，概还其真；经始于壬午，告成于甲申，以其多古本逸编，遂命名曰"古逸丛书"。序后继以叙目，每书各撰解题，述其源流，考其版本；守敬复于卷末附缀跋文，亦间有不著一字者。其书版后归江苏官书局，然摹印远不如前。东京初印美浓纸本，几与宋椠元刊等视矣。

铁华馆丛书　六种四十五卷　清光绪蒋凤藻校刊

凤藻字香生，江苏长洲人，官福建知府。是本皆据善本镌刻；《冲虚至德真经》《通玄真经》均影宋本；《列子新序》，则据何义门校宋本；其他三种，虽非宋元原椠，而皆康熙精刻，虽为覆版，不下真迹。书刻于光绪癸未乙酉之间。卷端引赵文敏语，戒读者当爱护书籍，其用心可谓挚矣。

渐西村舍丛刊　四十二种二百五十五卷　清光绪袁昶辑刊

昶字爽秋，浙江桐庐人。光绪丙子进士，观政户部，累擢徽宁池太广道，江宁布政使，官至太常寺卿。庚子乱作，力言拳匪不可恃，外衅不可启，忤孝钦后旨，被诛；寻复原职，予谥忠节。此刻分甲乙丙三集，乃其官皖省时所刊，凡六十七种；然多有目无书，如丙集末之朱子《参同契注》，朱子《阴符经注》，彀庐子《黄庭经注》，孙鼎臣《刍谕》，皇甫《持正集》，茆辑《淮南万毕术》，汪宗沂《逸礼大谊论》，徐文定《农政全书》，皆云未刊。盖稿本虽具，而未及付刻者。甲乙两集亦有未刊之本，甲之于湖文录，乙之篆写尔雅，及北徼卡伦鄂博水道考，塔尔巴哈台事宜，《一统志》内抄出西藏一卷，附《蕃尔雅》、《卫藏图志》《止斋杂著》《参军蛮语》皆未刊。其已刊未成者，为乙集之题襟续集、永慕堂藏书碑版目两种。特详识之，以便读者检查焉。

榆园丛刻　二十八种七十卷　清光绪许增校刊

增字益斋，号迈孙，浙江仁和人。是编所收，以词集为多。宋人四种，清人十四种；又十种则论书籍碑版文房玩具之属。许氏自序云："同治甲子，奉母还杭州，不复问人间世事，日与声应气求之士，里闬往还，推襟送抱，聊浪湖山，息影空斋，百念灰冷。特前贤椠缮，师友绪余，夙昔所涉猎而肆习之者，不能恝然。养闲余日，写付梓人，都成三十余种，借以流布艺林。"词人韵事，想见一斑。

灵鹣阁丛书　五十七种九十三卷　清光绪江标校刊

标字建霞，号萱圃，元和人。光绪己丑进士，官湖南学政，是书即刊于湖南试院也。标督学湘中，提倡新学；戊戌政变，被议落职。不数年，遂赍志以殁。是编所录，凡六集。金石为最，共十九种；次各家诗文，共十种；次经义小学，次书画目录版本，各六种；次地志传记，次杂说笔记，各四种；而属于泰西政治学术风俗者，乃有八种。

佚存丛书　十七种一百十一卷　日本天瀑山人辑刊

书分六帙，第一帙六种，第二帙四种，第三帙二种，第四帙三种，第五第六帙各一种。卷首天瀑山人自序："欧阳永叔日本刀歌云，徐福行时经未焚，佚书百篇今尚存。然所谓百篇之书，我无有之，则不知其何据，岂意度言之耶？……余尝读唐宋已还之书，乃识载籍之佚于彼者，不为鲜也。因念其独存于我者，而我或致遂佚，则天地间无复其书矣，不已可惜乎！于是汇为一书，姑假诸欧诗，名曰"佚存丛书"。按此书系用活字刷印，历彼国之宽政享和两朝而成，当我国清仁宗嘉庆之世；所采以罕遘者为准，如皇侃《论语义疏》，魏徵《群书治要》，均久遗佚，因已版行，不复编入。选择颇见精审，每一本书末，山人各附跋注，记其藏弆源流。传入中土；阮文达奏进四库未收书，所采者有《五行大义》《臣轨》《乐书要录》《两京新记》《文馆词林》《泰轩易传》《难经集注》《玉堂类稿》《西垣类稿》《周易新讲义》十种。我佚彼存，信可证矣。

（乙）专科丛书十二部

（一）经学二部

经苑　二十五种二百五十卷　清道光钱仪吉校刊

仪吉字蔼人，号衎石，一号新梧，又号心壶，嘉兴人。嘉庆进士，官至户科给事中。方主讲河南大梁书院时，搜辑宋元明人经说，凡四十一种，名曰《经苑》。自叙云："仪吉客授大梁，日以温经为事。辛丑河患，行箧故书，瀸渍缺失；其存者仅十五，意甚惜之。晓瞻方伯、素园廉访两先生思欲刊布古书，广六艺之教；予因以所藏经解相质，两先生开卷心赏，任为剞劂。鹄仁学使，子仙松君两观察，皆欣然为之助；郡邑贤大夫闻之，亦多分任而乐与有成也。"道光乙巳孟秋，开局授梓，仪吉躬自校雠；至庚戌春夏间，方成二十五种。仪吉邂逝，其子尊煌因刊所定目四十一种于卷首，而以己刻之目附后。然至今迄未有为之续刊者。

古经解汇函　二十三种一百二十六卷　清同治钟谦钧校刊

谦钧字云卿，湖南巴陵人，官两广盐运使，是编为其在粤时所刻。自序："恭阅四库全书总目，自十三经注疏外，凡经部著录唐以前之书尽刻之；唯提要定为伪作者，不刻；通志堂已刻者，不刻；近儒有注释刻入皇清经解者，不刻。……所刻诸书，昔人刻本不一，今择善本校而刻之。"同治十三年刊成，庋之粤秀山菊坡精舍。计《周易》十二种，《尚书》一种，《诗》二种，《春秋》五种，《论语》二种，而以郑志殿焉。

（二）小学三部

五雅全书　五种三十七卷　明郎奎金辑刊

奎金汇刊所选《尔雅》《博雅》《释名》《埤雅》《小尔雅》五种，谓之《五雅全书》。有虎林张尧翼序，述刊书之意。又谓："他若罗愿《尔雅翼》，轴封以参，鹿卢𫗦俟；刘伯庄《续尔雅》，李商隐《蜀尔雅》，刘温润《羌尔雅》，程端蒙《大尔雅》，隃麋鼓吹，遗椟徐戈。"其文晦涩，殆不可解。且所引各书，除《尔雅翼》外，今皆亡逸；然亦可见郎氏之选此五种，具有别裁，非滥收也。谓之五雅者，四库全书总目提要，经部小学类一释名，注云："别本或题曰《逸雅》，盖明郎奎金取是书与《尔雅》《小尔雅》《广雅》《埤雅》合刻，名曰五雅。以四书皆有雅名，遂改题《逸雅》以从类。"是则郎氏以释名为《逸雅》，故曰五雅；然此本仍称释名，即张尧翼序亦直称"刘熙释名，名比义，器摘类""四雅拊食"，云云。并无《逸雅》之目；《逸雅》之名称，当在郎氏以后耳。

小学汇函　十三种一百三十六卷　清同治钟谦钧校刊

钟氏既辑古经解汇函，复取汉魏六朝唐宋诸人所著小学书刊之，名曰《小学汇函》。训诂四种，字书八种，韵书一种，凡十三种，皆言小学者必读之书。

许学丛书　十四种五十七卷　清光绪张炳翔辑刊

炳翔字叔鹏，长洲人。嗜许氏《说文》，勤于校雠。许学盛于清代，惠栋而后，专精者数十家。自元和江氏、金坛段氏、曲阜桂氏诸大家外，其余各家著述，散在人间。道咸间，海宁许槤尝欲汇刊行世，遭乱未果，槤亦旋卒。炳翔年辈稍后，思成其志，先刻零星小种，约以四种五种为一集。光绪

癸未甲申间，刻成三集。吴县雷浚序云："炳翔将自初集二集
至十集二十集。"然是书止于三集，成书亦仅十四种而已。

（三）史学二部

史学丛书　九十三种一千七百七十一卷　清光绪广雅书局校刊

　　张文襄督粤，首建广雅书院；复于城南南园之侧，建广
雅书局，校刊群籍。时充总校者，为南海廖泽群，以经术名
儒，提挈一切；赞襄其间者，皆硕学鸿才。故四方珍本，麇集
纷来；复经诸通人鉴别，精选慎校，当世久有定评，光绪末
年，书局停罢，版片垒积，颠倒错乱。迨入民国，番禺徐绍
棨董理图书馆事，从事清厘，择其版式一律者，凡一百五十
余种，汇为"广雅丛书"。其属于史学者，九十三种；别为
"史学丛书"。有专就一史或总集诸史而为之考证、辨说、
注疏、校勘者，有作补志补表者，乃至别史载记礼书编年之
属，悉皆收入。治史学者诚不可不读也。

问影楼舆地丛书　十五种四十四卷　清光绪胡思敬校刊

　　思敬字漱唐，江西新昌县人。光绪进士，官至御史。是编
当光绪戊申年，仿聚珍版，刊于北平。每册题签第几集，皆
空其格；盖其始固欲网罗广博，而后乃仅止此数也。凡十五
种，四十四卷；曰：《黑鞑事略》《峒溪纤志》《云缅山川
志》《长河志籍考》《黔记》《东三省舆图说》《陕西南山谷
口考》《缅述》《三省山内风土杂记》《万里行程记》《关中
水道记》《水地记》《游历记》《滇海虞衡志》《东三省韩俄
交界道里表》；多与边疆有关。每书卷末，皆有辑者识跋，或加
以校勘；如《黑鞑事略》之罕见，《峒溪纤志》之未经窜乱，尤
可宝贵。其他亦皆晚出之书，考订精审，有裨舆地之学。

（四）目录学一部

八史经籍志　十种三十卷　清光绪张寿荣刊本

寿荣字鞠龄，浙江镇海人，同治举人。是编所辑，一、《汉书艺文志》，二、《隋书经籍志》，三、《唐书经籍志》，四、《宋史艺文志》，五、卢文弨《宋史艺文志补》，又补《辽金元艺文志》，六、金门诏补《三史艺文志》，七、钱大昕补《元史艺文志》，八、《明史艺文志》，寿荣序云："予于沪上得《八史经籍志》，锓板前无序言，末署文政八年刊；知出自东国好古者所为，求其姓氏，卒不可悉。"又云："史之志八，重者四，作者九人，以经籍称者二，以艺文称者八；曰八史，著其代也，曰经籍志，举其重也。"汇八代之艺文为一编，于检校古今书目之存佚，至为便利。

（五）医学二部

济生拔萃　十八种十九卷　元杜思敬辑元刊本

是书见于《曝书亭集》者六卷，见于日本《经籍访古志》者十八卷，均引延祐二年杜思敬序，是必同为一书，然均未全。《千顷堂书目》与《皕宋楼藏书志》皆十九卷。后者且列举所辑书名：一、《针经节要》，二、《洁古云岐针法》，三、《针经摘英》，四、《云岐子脉法》，五、《洁古珍珠囊》，六、《医学发明》，七、《脾胃论》，八、《洁古家珍》，九、《此事难知》，十、《医垒元戎》，十一、《阴证略例》，十二三、《伤寒保命集类要》，十四、《癍论萃英》，十五、《保婴集》，十六、《兰室秘藏》，十七、《活法圆机》，十八、《卫生宝鉴》，十九、《杂方》。此犹是元代刊本，完全无缺，洵为秘笈。

古今医统正脉全书　四十四种二百四卷　明万历王肯堂辑
吴勉学刊

肯堂字宇泰，金坛人。万历己丑进士，官至福建布政司参政。好读书，尤精于医。所著有《证治准绳》，成于万历丁酉戊戌间。又有《伤寒准绳》《疡医准绳》《幼科准绳》《女科准绳》，均为世所重。是书之刻，吴勉学序题万历辛丑；则其汇辑成书，当在《证治准绳》成书前后也。所收凡四十四种，始《黄帝内经素问》。历代医家，如汉之张机，唐之王冰，金之成无已、刘完素、张从正、李杲，元之王好古、朱震亨、齐德之、滑寿，及明之戴元礼、陶节安辈，其著述多者，人至六七种。千顷堂书目医家类，有吴勉学《医统正脉》四十二种，而不著王肯堂之名。勉学序是书云："医有统有脉，医之正脉，始于神农黄帝；而诸贤直溯正脉，以绍其统于不衰，因诠次成篇，名曰《医统正脉》而刻之。"王氏精于医学，而吴无所闻；是必王氏纂辑既成，先后修订，而吴氏为之刊布也。

（六）艺术一部

欣赏编　十种十四卷　明正德沈津辑刊

津字润卿，长洲人。是编凡十集，以天干十字为序。卷首有其族叔沈杰序，曰："吾宗侄津，嗜古勤学，尝得诸家图籍如干卷，汇而名之曰《欣赏编》，刻之梓。余喜其属事比类之颇宜也，故为序之。是编首之以古玉图，崇其德也；次之以印章谱，达其用也；次之以文房图赞，茶具图赞，又次之以砚谱、燕几图，皆语成器而动者也；既而又次以古局图谱双、打马图，斯则游于艺之谓也。编之始终凡十集，而其间可疑者，谓燕丌局戏之事，于学者为无益；然而孔子席

不正不坐，又曰不有博弈者乎，为之犹贤乎已。然则博雅之
士，又奚可废哉！"序作于正德六年，而茶具图赞砚谱，乃
有万历时人之序，度必后人补刻时所为；沈氏原刊，当不如
是。此虽游戏之作，而所采多宋元人遗著；小道可观，以供
欣赏，洵不虚矣。

（七）军学一部

武经七书　七种二十三卷　宋何去非校南宋刊本

宋何去非于元丰中对策，论用兵之要，擢优等，除武学
教授，使校兵法七书。何薳《春渚纪闻》谓其父去非为武学
博士，受诏校七书，盖即指是。《郡斋读书志》谓仁庙时承
平久，人不习兵，元昊既叛，朝廷颇访知兵者，命曾公亮
等撰《武经总要》。神宗承其余绪；元丰中，以《六韬》
《孙子》《吴子》《司马法》《黄石公三略》《尉缭子》
《李卫公问对》，颁行武学，号称七书。是本卷首总目无纂
辑名氏，前后亦无序跋。然玄警敬恒徵贞完慎等字，均避宋
讳；且笔法镌工，的为天水旧刻。

（丙）地方丛书八部

（一）省区四部

岭南遗书　六十种二百四十三卷　清道光伍崇曜校刊

刘锦藻《皇朝续文献通考经籍考》，纪是书云："英人
在粤东互市，当时有洋行十三，崇曜父秉鉴，为十三行之

后劲，遂以豪商起家。崇曜既赐乡举，乃与名流讨论著述，刊有"粤雅堂丛书"《广东十三家集》《楚庭耆旧遗诗前后集》，是于道光辛卯始付剞劂氏。续成六集，视李调元之《函海》，赵绍祖之"泾川丛书"，于乡邦文献，同爇心香，良可宝也。"接是书目录，分为六集，诚如刘氏所云。然伍氏自序，则谓辛卯年付刊者，仅第一集。至丁未而第二三四集始成。五六集均无伍氏序跋。考其开雕之期，则五集在道光庚戌，六集在同治癸亥；而总司校勘者，前后均谭君莹。其序均署名元薇；盖刊是书时，崇曜犹未改名也。

畿辅丛书　一百七十种一千五百三十卷　清光绪王灏辑刊

灏字文泉，直隶定州人。咸丰壬子，与张之洞同举于乡。是书之辑，之洞实与其议。贵筑黄彭年方主讲莲池书院，亦怂恿之。灏雄于资，官京曹时，广收图籍，藏弆日富。因招贵筑黄国瑾，归安钱恂，为之校定。先有采访畿辅先哲遗书目之刻，厥后设局保定开雕；以王树枏、胡景桂董其事。乃书未刊完而灏遽殁。其刊版偶记年月，始于光绪己卯，终于壬辰；大约即殁于是时也。前后无刊书序跋，亦无全目，刊后亦未印行。岁丙午，故都书肆就已刊者集资汇印，另刊总目。武进陶湘重为编订；计经部二十二种，史部同，子部三十一种，集部三十九种。又汇刻遗书凡六家；永年申氏十三种，颜习斋七种，李恕谷十二种，孙夏峰六种，尹健余九种，崔东壁十二种。综其前后卷数，则为一千五百三十云。

湖北丛书　三十一种二百九十卷　清光绪赵尚辅校刊

尚辅字翼之，万县人，光绪进士。是编刊成于光绪辛卯，盖为其官湖北学政时所辑，均鄂人之著作。经部最多，凡十五种；史部五种；子部十种；集部最少，仅一楚辞而已。前后无刊书序跋。卷面题三余草堂藏版。易经通注后，有提督湖北全省学政翰林院编修臣赵尚辅谨付梓一行。每书均有校字覆校续校人姓名，综计凡二十八人；洵非苟焉从事者也。

豫章丛书　二十二种二十八卷　清光绪陶福履校刊

福履字稚箕，江西新建人。光绪壬辰进士，湖南慈利县知县。是书刻于光绪二十年。喻震孟序，谓福履与丰城欧阳熙笃好汉学，暇辄讨论；以豫章故人才渊薮，北宋以还代多名人，而阮文达刻《皇清经解》多借江人之力，顾独无江人一书；因辑江人经说，所得殊多。后不欲囿于一门，乃更推之四部。所录各书，福履多自为小序，冠之简端。第一集凡十二种，第二集凡一十种；豫章文献，略见一斑。

（二）郡邑四部

盐邑志林　四十一种六十五卷　明天启樊维城辑刊

维城字亢宗，黄冈人。万历丙辰进士，官至福建按察司副使。是编乃其官海盐县知县时辑历朝县人之著记。凡三国三种，晋二种，陈一种，唐一种，五代一种，宋三种，元一种，明二十九种。刊成于天启三年。卷首有樊氏及朱国祚序。朱序称乡绅胡孝辕助之搜访，姚士麟刘祖钟各出秘本，捐橐佐之云云。按海盐县，秦置，属会稽郡，自东汉三国历晋宋齐梁，均属吴郡。古代疆域甚广，故吴之陆绩陆玑，陈之顾野王，均吴郡人；而当时所居，皆为海盐辖境。至晋干宝为新蔡人，五代谭峭为泉州人，则皆流寓邑中；故其撰述均列入也。

泾川丛书　四十五种七十卷　清道光赵绍祖等校刊

绍祖字琴士，安徽泾县人。泾县为江南望邑，代有名人。明中叶后，查翟萧董诸公，尤邃于经史性理之学。迨入清朝，赵青藜等著述尤伙。赵绍祖为其侄孙，博学能文，尤深于史；取先辈遗书，择其文章政事之可传，经学性理之有益于身心者，凡四十五种，刊之。泾川文学，悉萃于编。各书皆有绍祖识语，大抵纪嘉庆四五六年；盖为陆续付刊之岁。卷首有道光十二年阳湖赵仁基序，当为全书刻竣之时。

金华丛书　六十七种七百三十卷　清同治胡凤丹辑刊

凤丹字月樵，浙江永康人。官湖北道员，领官书局，致仕还乡。尝以金华一郡，撰述最盛，叠遭兵燹，乡贤遗著，散佚殆尽。因就四库采录，自唐以来一百六十五种；厘为经史子集，撰《金华文萃书目提要》八卷。先取所藏，设退补斋书局于杭州，以次开雕。仅成经部十五种，史部十一种，子部十三种，集部二十八种，名曰"金华丛书"。尚不及《文萃书目》所载之半。至刊成之岁，则在同治八年云。

金陵丛刻　十七种三十八卷　清光绪傅春官辑刊

春官字苕生，江宁人，官至江西劝业道。原序云："金陵都会，人物斯兴。稽古作者，代不乏人。是书专汇上元江宁两县人作刊行之；不分四部，略次时代。空文勿录者，勿暇也；《录金阙玉井集》，以先生他书勿见也；录《金陵赋》者，以所纪实风土也。"盖鉴于台州、浦城、常州、武林名郡大邑，均各刊行其乡贤之著述，先后并起，蔚为巨观；亟思步其后尘，以尽敬恭桑梓之谊。序又云："一集十集，推今及古。"而惜乎其未竟厥志也。

（七）编印"大学丛书"之经过——致大学丛书委员会各委员函稿

（一）

谨启者：当"一·二八"以前敝馆举行三十五周年纪念时，云五曾拟集合国内专门学者，编译大学用书及各种专门名著，期为提高吾国学术促进革新运动之一助。不意计划未成，而国难突作。沪北之役，敝馆首当其冲，几致根本动摇。赖国内各界人士之援助，敝馆得于本年八月一日勉力复业，继续为吾国文化教育服务，差堪告慰；敝馆遭难以后，益觉学术救国实为要图；"大学丛书"之出版，不容再缓。决将原定之"大学丛书"初步计划，于处境万难之中，继续进行，期以五年之时间，逐步促其实现。敝馆所以有"大学丛书"之出版计划，其理由有二。敝馆以为吾国专门学术之不能长足进步，原因虽多，而缺乏本国文之专门著作，实为主因之一。加以近年因金贵关系，学生负担过重，更无力多购西文参考用书。因是凡在大学肄业者，或以经济关系而无书可读，或以文字关系而事倍于功；此中困难，服务高等教育机关者类能道之。此"大学丛书"之急宜印行者一。敝馆忝为吾国最大出版家之一，自民国八九年以来，国内高等教育机关及重要学术团体编辑各种专门著述，无不委托敝馆印行，团体数目多至数十，出版图书多至数百。敝馆得有参加学术贡献之机会，自极荣幸。唯是各学术团体间对于著作计划初无联络；出版图书不特时嫌重复，且亦间有偏倚。购者既苦于无绪可寻，敝馆亦时患顾此失彼。倘全国专门学者能通力合作，将大学应有科目拟定整个计划，再按计划中所定科目分任著述，不使重复，于合作之中，仍寓分工之意；则三五年后此项大学用书定能日积月累，蔚为巨观。此于吾国学术之进步，以及学子购求图书之便利，均将裨益不浅；而敝馆区区学术救国之意，亦得借出版上之贡献，以求其实现。此"大学丛书"之急宜印行者二。至于曾与敝馆订有丛书契约之学术团体或机关，其契约关系虽将因是而有所变更，仍可在"大学丛书"中之各书封面加注某某大学或某某学会丛书字样，以示区别；合出时可为"大学丛书"，分出时仍可成各团体著作；可谓合则双美，而离又不两伤者矣。惟兹事体大，非得全国专门学者通力合作不为功。敝馆为进行便利起见，拟先行组织"大学丛书"委员会，以资主持。素仰先生提倡学术，最具热诚；谨专函敦聘先生为"大学丛书"委员会委员，俾敝馆之"大学丛书"计划，得在专家指导之下，积极进行，克期实现，则受嘉惠者岂仅敝馆已也。如蒙俯允担任，尚希早日示复为幸。附奉"大学丛书"及"大学丛书"委员会条例各一份，并乞察收指正，专此奉恳，伫候复音。

王云五谨启　二十一年十月　日

附件

（甲）商务印书馆印行"大学丛书"条例

一、"大学丛书"依"大学丛书"委员会所定目录，经各委员代为征集稿本，由本馆酌量次第印行，或经各委员介绍专家，由本馆约定编辑之。

二、本馆已出版之专门著作，经委员会审查后，得加入"大学丛书"。

三、"大学丛书"第一集暂以三百册为度。

四、"大学丛书"第一集拟分五年出版，除本馆已出版可以归入者外，自民国二十二年起，每年出版四十册。

五、"大学丛书"每书分量约自十五万字至三十万字。

六、"大学丛书"经各委员征集或由本馆约编之稿本，须经委员一人以上之审查。

七、"大学丛书"出版后，由本馆以版税百分之十五报酬著作人。

八、"大学丛书"出版时，除列著作人姓名外，并在里封面载明委员会全体委员姓名。

九、国内各大学校及学术团体之丛书加入"大学丛书"时，仍在各书封面附列某大学或某团体丛书字样，以示区别。

十、关于本丛书之订约印行等事，均由本馆编审委员会办理。

（乙）商务印书馆"大学丛书"委员会条例

一、本委员会由本馆聘请国内著名大学校及学术团体代表，协同本馆编审委员会代表若干人组织之。

二、本委员会之任务如下：

1 拟定"大学丛书"全目；

2 介绍或征集大学丛书稿本；

3 审查本丛书书稿；

三、委员各就专长，分别担任前条之任务。

四、"大学丛书"出版时，各书均列委员会全体委员姓名，以昭慎重。

五、委员受本馆委托审查书稿时，每种由本馆酌送审查费。

六、"大学丛书"每种初次发行时，由本馆赠送全体委员各一册，以备随时审核。

（二）

敬启者：敝馆前为印行"大学丛书"端赖专家指导起见，特肃函敦聘台端为该丛书委员会委员，猥蒙俯允担任，并惠赐高见，具征提倡学术热忱，感佩无似。敝馆业已征集国内外各大学一览若干册，先由敝同人参酌草拟大学应有之科目，不久即可竣事；容再专函送请详加指正，以便早日着手进行。俟此项大学科目草案送上时，并拟请就尊处同人已有之成稿，逐项代为征求，随即填注于各科目之下，以便汇齐整理，筹划印行。敝馆已出版之专门著作其性质相合者，届时亦当分注各科目之下方，借供参考；惟应否加入该丛书，仍须分请各委员审查，然后决定。知关廑注，谨先渎陈，尚祈亮察为幸。

王云五谨启　二十一年十一月　日

（三）

敬启者：敝馆前为印行"大学丛书"敦请台端为该丛书委员
会委员，猥蒙俯允担任，至深感幸。当经肃函复谢，谅尘清
览。大学科目草案已由敝同人参酌国内外各大学一览及课程表
等分别拟定。兹检同所拟"大学科目草案附说明及统计"一
册，随函送请察阅指正，以便遵改。如承于二星期内斧正掷
还，俾得汇齐整理，及早进行，尤为感荷。贵同人如有相当成
稿，恳即分别填入各科目下，以便商定。敝馆原有各书亦暂予
填入，当分托委员二人审查，以定去取。唯敝馆因印刷力量关
系，每科目拟暂以编印课本一种为原则。如有二种以上相同之
佳稿时，除以一种列入该丛书外，只得酌量能力，按版税代印
寻常专著办法另行出版。区区之意，当荷洞察，恐劳垂问，特
先陈明。

王云五谨启　二十二年一月　日

（四）

敬启者：敝馆前于本年一月间，将所拟大学科目草案分送
"大学丛书"委员会各委员请求斧正，旋即陆续奉到复书多
起，关于编辑方针之拟订，院系之更动，新系之添设，科目
之增删，以及原列各书之去取，新书新稿之介绍等，备承指
教，敝馆拜嘉之余，实深感佩。当经敝同人加以整理，集成专
册，另行油印，送请察阅。间有一二未能遵办之处，经于各
项意见之后，分别签注愚见，以资说明。是否有当，仍候裁
夺。敝馆原拟之大学科目草案，亦已遵照指示各点，分别订

正，改名"大学丛书"目录，重印成书。兹检同意见及目录各一份，另邮送请审核。如认为尚有不妥之处，敬请于五月五日以前赐示，以便汇集重行订正。至各委员所介绍之新著或原书为数不少；拟俟目录决定后，分别办理。再者，目录中暂列各书，有宜作为课本者，亦有虽不宜作为课本，而仍可作为参考书者；或去或取，将来仍当分别检同样本，照章送请各委员审查，再行决定。谨此声明，并祈亮照。

王云五谨启　二十二年四月　日

（五）

敬启者：敝馆前于四月间，将修正后之"大学丛书"目录送请各委员作最后之审定，当经陆续奉到复函多件，对于一般编辑方针，科目增减，科名更动等，仍多有指正之处。敝馆拜赐之余，实深感幸。兹再将各项意见汇印成册，送请察阅；并将原订目录重加修正，另邮寄呈一份，拟即作为定本。此后如承介绍佳稿，并拟以此项定本目录为准。制定目录，原非易事；幸蒙多方指示，得告一段落；敝馆"大学丛书"计划亦得以积极进行，实拜厚赐；谨再致谢意。

王云五谨启　二十二年六月　日

八、"大学丛书"全目与其在五年间之编印进度

（一）本目录以与国内大学各院系应设之科目相符为原则；凡研究所所设之专科研究科目暂不列入。

（二）本目录各学系下注之（一）（二）两号，分别表示第一集及第二集。

（三）各科目下（）号内之数字或×号表示二十一年十月创编"大学丛书"时之实况。（1）表示商务印书馆已有书稿或出版物一种，（2）表示已有二种，余类推；（×）表示其时商务印书馆对此科目尚无书稿或出版物。［］号内之数字表示截至二十六年七月已约定编著之实况。［1］［2］［3］等号分别表示已约定编著之种数。不加（）或［］号之数字表示截至二十六年七月已出版并经"大学丛书"委员会审查通过之"大学丛书"种数；不加（）或［］号之×号表示其时此科目尚无已出版并经审查通过之书籍。数字旁注有°号如1°2°3°等则表示截至二十六年七月已有书稿在排印中或已印成在审查中之"大学丛书"种数。

文学院

文学系（一）

文学概论（×）1　　　　诗学（×）2

词曲学（×）1　　　　修辞学（×）［1］

中国文学史（×）×　　　西洋文学史（×）×

中国戏剧史（1）1［2］　中国文字学（1）2

中国音韵学（×）1　　　言语学（1）1［1］

语音学（×）［1］　　　英文学史（×）［1］

法文学史（×）×　　　德文学史（×）×

南欧文学史（×）1°　　　北欧文学史（×）×

俄文学史（×）×　　　美国文学史（×）×

西洋文学（1）1°　　　英国文学（×）［4］

法国文学（×）［1］　　德国文学（×）×

俄国文学（×）×　　　美国文学（×）×

南欧文学（×）×　　　北欧文学（×）×

西洋戏剧（×）2°　　　西洋戏剧史（×）×

中国小说史（×）［1］　西洋小说选（×）2°

西洋小说史（×）［1］　西洋诗选（1）2°　［1］

国文法（×）1　　　　文学评论（×）1　1°

比较文学史（×）1　　目录学（1）2°

文学系（二）

文章学（×）×　　　　骈文学（×）×

希伯来文学（×）×　　阿拉伯文学（×）×

希腊拉丁文学（×）×　中国画史（×）1

中国美术史（×）1　1°　中国音乐史（×）×

西洋美术史（×）×　　　西洋音乐史（×）×

印度文学（×）[1]　　　印度文学史（×）[1]

日本文学（×）×　　　　日本文学史（×）[1]

小说学（×）1　　　　　比较语音学（×）1

哲学系（一）

中国哲学史（1）2　　　中国伦理学史（×）×

哲学概论（×）2　　　　论理学（×）2

宗教概论（×）[1]　　　中国宗教史（×）×

印度佛教史（×）[1]　　西洋哲学史（×）（1）2

西洋伦理学史（1）1°　　美学概论（×）1

印度哲学史（×）[1]　　中国学术史（1）3

西洋近代思想（×）1　　希腊哲学（×）1°

哲学系（二）

中国儒学史（×）1°　　　世界宗教史（×）×

中国佛教史（×）×　　　中国道教史（×）[1]

中国基督教史（×）×　　印度宗教史（×）×

回教史（×）×　　　　　伦理学（2）1　2°　[1]

西洋论理学史（×）[1]　玄学概论（×）[1]

佛教哲学（×）[1]　　　知识论（×）×

价值论（×）[1]　　　　现代哲学（×）[1]

科学的哲学（×）×

史学系（一）

史学概论×2　1°　　　　历史研究法（×）1°

中国史学史（×）[1]　　西洋史学史（×）1°

中国通史（×）2　　　　世界通史（1）1

世界近代史（×）1°　　　中国上古史（1）1

中国中古史（×）［1］ 中国近古史（×）1

中国近代史（1）2 英国史（×）1

法国史（×）1 德国史（×）×

俄国史（×）1° 印度史（×）1°

美国史（×）1 日本史（×）［1］

中国文化史（×）［1］ 世界文化史（×）1

史学系（二）

世界上古史（×）× 世界中古史（×）1

世界近古史（×）× 希腊史（×）×

罗马史（×）× 意大利史（×）1［1］

太古原人史（×）× 南洋史（×）［1］

世界殖民史（×）1 中外交通史（×）1

西域史（×）× 历史哲学（×）［1］

考古学（×）［1］ 年历学（×）［1］

中国民族史（×）［1］

社会学系（一）

社会问题（×）［1］ 社会学原理（×）1

中国社会史（×）［1］ 社会事业（×）×

社会政策（×）× 社会统计（×）×

人口学（×）1 农村社会学（×）［1］

都市社会学（×）［1］ 文化社会学（×）1

社会进化史（×）1°

社会学系（二）

中国礼俗史（×）［1］ 西洋社会思想史（×）［1］

现代社会派别（×）［1］ 中国社会思想史（×）×

社会调查（×）× 社会学方法论（×）1°

家庭社会学（×）×　　贫穷（×）［1］

现代社会运动（×）1　　社会病态学（×）1

理学院

算学系（一）

解析几何（×）2　　初等微积（×）［1］

高等微积（×）［1］　　代数方程引论（×）1

微分方程引论（×）［1］　　投影几何（×）［1］

高等几何（×）1°［1］　　高等代数（×）2

矢量分析（×）［1］　　数量分析（×）1 1°

最小二乘式（×）1

算学系（二）

复变函数论（×）×　　实变函数论（×）1

椭圆函数论（×）×　　双曲线函数论（×）1

代数方程论（×）1　　微分方程论（×）1［2］

积分方程论（×）1　　数论（×）1

群论（×）1　　行列论（×）2

集合论（×）［1］　　变分论（×）1

微分几何学（×）［1］　　代数几何学（×）×

非欧几何学（×）1　　多元几何学（×）×

天文学通论（×）×　　应用天文学（×）1

算学史（×）［1］　　天文学史（×）×

物理学系（一）

普通物理学（×）1　　物理学史（×）×

物性学（×）［1］　　　力学（×）×

热学（×）×　　　　　音学（×）×

光学（×）×　　　　　电磁学（×）1°

近世物理学（×）［1］　物理学实验（×）1

物理学系（二）

物理算学（×）×　　　理论力学（×）×

理论电磁学（×）×　　物理光学（×）×

热力学（×）1　　　　流体力学（×）［1］

原子论（×）×　　　　质射学（×）×

气体运动论（×）×　　量子论（×）×

相对论（×）×　　　　电子论（×）1

波动力学（×）×　　　X线及其应用（×）×

应用电学（×）×　　　天文物理学（×）［1］

化学系（一）

普通化学（×）［3］　　无机化学（×）［1］

有机化学（×）1［1］　　化学史（×）1

物理化学（×）1°　　　定性分析（1）1°［1］

定量分析（×）1　1°　　无机化学实验（×）1

有机化学实验（×）×　　物理化学实验（×）×

化学系（二）

食品化学（×）［1］　　胶质化学（×）×

高等无机化学（×）［1］　高等有机化学（×）［1］

高等无机定性分析（×）×　高等无机定量分析（×）×

高等有机定性分析（×）1°　高等有机定量分析（×）×

工业化学（×）［2］

生物学系 (一)

普通植物学（×）×	植物形态学（×）［1］
植物生理学（×）［1］	植物解剖学（×）［1］
生物学（×）1［2］	生物学史（×）［1］
生物统计学（×）1°	普通动物学（×）［1］
无脊椎动物学（×）1°	脊椎动物学（×）1°
普通生理学（×）×	胚胎学（×）［1］
细胞学（×）×	组织学（×）［1］
进化论（×）×	遗传学（×）［1］
普通动物分类学（×）×	真菌学（×）×
植物地理学（×）×	藓苔植物学（×）×

生物学系 (二)

植物生态学（×）［1］	植物分类学（×）［1］
比较解剖学（×）×	昆虫学（×）×
寄生物学（×）［1］	生物化学（×）1°
高等动物分类学（×）×	植物细胞生理学（×）×
高等动物生理学（×）×	实验胚胎学（×）×
实验动物学（×）×	高等组织学（×）×
高等遗传学（×）×	人种改良学（×）×
动物行为学（×）×	动物生态学（×）［1］
高等植物学（×）［1］	高等昆虫学（×）×
生物生理学（×）×	

地理学系 (一)

地理学通论（×）［2］	气象学（×）［2］
应用地理学（×）1	人文地理学（×）［1］

自然地理学（×）［1］　　人类学（×）1

亚细亚洲（×）［1］　　中华民国（×）［2］

欧罗巴洲（×）1°　　北美洲（×）×

世界地理（×）［1］　　经济地理（×）［1］

地理学系（二）

地理学史（×）×　　历史地理学（×）×

海洋学（×）×　　世界民俗志（×）×

阿非利加洲（×）×　　南北美洲（×）［1］

大洋洲（×）×　　北极与南极（×）×

地理学研究（×）×　　陆文学（×）×

地图绘法（×）×　　水文学（×）［1］

气候学（×）×

地质学系（一）

普通地质学（×）1°　　构造地质学（×）×

历史地质学（×）×　　矿物学（×）［1］

岩石学（×）［2］　　古生物学（×）×

矿石鉴定法（×）×　　矿物光学（×）1

心理学系（一）

心理学概论（1）1　1°　　初级实验心理学（×）×

社会心理学（×）1［1］　　发展心理学（×）1°

动物心理学（×）［1］　　青年心理学（×）1°

应用心理学（×）1　　格式心理学（×）1

心理学系（二）

心理学派别（1）2　　个别心理学（×）×

变态心理学（×）1°　　心理学史（×）1　1°

法学院

法律系（一）

法理学（×）［1］　法律思想史（×）［1］

宪法（×）2　刑法总则（×）［1］

罗马法（1）1　中国法制史（2）3

民法总则（×）1　民法债编（×）1［1］

刑法分则（×）［1］　公司法（×）×

民事诉讼法（×）［1］　民事诉讼法实务（×）×

刑事诉讼法（×）［2］　国际公法（1）2　1°［2］

民法物权（×）×　民法亲属（×）1［1］

民法继承（×）2　国际私法（×）1

法院组织法（×）×　刑事诉讼实务（×）×

证物学（×）［1］　海商法（×）［1］

法律系（二）

破产法（×）×　保险法（×）×

票据法（×）×　劳工法（×）［1］

英国法（×）×　犯罪学（×）×

刑事政策（×）［1］　行政法（×）1　1°

土地法（×）1　强制执行法（×）［1］

非讼事件法（×）×　监狱学（×）×

警察法（×）×　法律进化史（×）1°

外国法制史（×）×

政治系（一）

政治学（1）4　西洋政治思想史（1）1 1°［2］

比较政府（×）6　　　地方政府（×）1

中国政治思想史（×）×　　近代政治制度（×）×

市政论（1）1　　　　　政治地理（×）1°

世界政治史（×）×　　　外交史（×）1　1°

国际联盟（×）[1]　　　中国外交史（×）×

条约论（×）1　　　　　外交程式（×）×

政治系（二）

英国宪法史（×）[1]　　政党论（×）1

政治政策（×）×　　　　行政学（×）1°　[2]

国际行政（×）[1]　　　中国行政（×）1

现代国际政治（×）×　　帝国主义研究（×）×

地方自治（×）×

经济系（一）

经济学原理（×）3[1]　　经济思想史（2）4

欧美经济史（×）×　　　中国经济史（×）1

经济方法论（×）1　　　中国经济问题（×）1

中国经济思想史（×）1　财政学原理（1）3

中国财政史（×）[1]　　社会主义史（×）[1]

经济算学（×）×　　　　统计学（×）2

劳工问题（×）2　　　　土地经济（×）1

货币原理及问题（×）1　国际经济政策（×）1

关税问题（×）1　　　　中国财政问题（×）1

经济思想之研究（×）[1]　工业政策（1）1

经济系（二）

租税论（×）2　　　　　预决算论（×）1

公债论（×）×　　　　　经济循环（×）[1]

交通经济（×）×　　　　营业经济（×）×

教育学院

教育系（一）

教育哲学（3）4　　　　教育社会学（1）3［1］

教育原理（3）5　2°　　教育心理学（1）5　1°

儿童心理学（2）3　　　学习心理学（1）1　1°

学科心理学（×）×　　　西洋教育史（1）3［1］

中国教育史（1）1　1°　近代教育思潮（×）×

教育法概论（×）1°　［1］　小学普通教学法（1）2

中学普通教学法（×）2　科学教学法（1）1

国文教学法（×）［1］　英文教学法（×）×

算学教学法（×）×　　　历史教学法（×）1

地理教学法（1）1°

行政系（一）

教育行政（×）1　　　　小学行政（1）1

中学行政（1）1°　　　　大学行政（×）1

师范教育（×）×　　　　比较教育（1）1　2°

职业教育（×）×　　　　大学教育（×）［1］

慈幼教育（×）［1］　　图书馆学（×）［1］

教育统计（1）1°　　　　课程论（1）2°

教育测验（1）2　1°　　教育方法（×）1°

训育论（×）1　　　　　教育调查（×）1°

体育系

体育原理（×）［1］　　体育组织及行政（×）×

运动生理（×）×　　　体育教学法（×）×

学校卫生（×）×　　　田径赛原理（×）×

童子军（×）1°　　　游戏（×）1°

健康教育（×）×　　　体育及卫生学史（×）×

体育建筑及设备（×）［1］

农学院

农艺系（一）

土壤学（×）1　　　肥料学（1）1

植物病理学（×）［1］　应用昆虫学（1）1［1］

普通作物学（1）1　　特用作物学（×）［1］

稻作学（×）1［1］　　麦作学（×）1

棉作学（×）1°

农艺系（二）

农业工程学（×）×　　灌溉工程（×）［1］

农具学（×）×　　　农场管理学（×）×

作物育种学（×）1［1］

园艺系（一）

蔬菜园艺学（1）1［1］　果树园艺学（×）1

花卉园艺学（×）×　　风景园艺学（×）1

园艺系（二）

温室园艺（×）× 蔬果贮藏制造法（×）×

农产制造学（×）× 罐贮品学（×）×

农业细菌学（×）[1]

畜牧系（一）

家畜饲养学（×）1°[1] 家禽学（×）×

乳业学（×）× 兽医学（×）×

养蜂学（×）×

畜牧系（二）

家畜生理学（×）× 家畜鉴别学（×）×

家畜育种学（×）[1] 家畜肥育学（×）×

畜产制造（×）[1] 乳业经营（×）×

森林系（一）

森林学大意（×）[1] 森林植物学（×）×

苗圃学（×）1° 造林学（×）[1]

森林系（二）

森林管理学（×）[1] 森林工学（×）×

树病学（×）× 林政学（×）[1]

林业史（×）×

蚕桑系（一）

蚕桑学（×）[1] 养蚕学（×）×

蚕体病理学（×）[1] 制种学（×）×

栽桑学（×）[1]

蚕桑系（二）

蚕丝概论（×）× 蚕体解剖学（×）×

制丝学（×）[1]

农业经济系（一）

农业经济系（×）[1] 农业经营（×）×

农业合作（×）×　　　农业簿记（×）×

农业推广（×）1　　　农村教育学（×）［1］

农仓经济（×）1°

农业经济系（二）

农政学（×）［1］　　　农村调查（×）×

中国农业史（×）×　　　农业问题（×）×

农业制度（×）1

工学院

土木工程系（一）

机械图画（×）［1］　　　图形几何（×）［2］

应用力学（×）1　1°　　材料力学（×）［1］

工程材料（×）1°　　　水力学（×）2［1］

工程经济（×）×　　　工程合同（×）×

工业管理（1）3　　　机械工程（×）1°

机械工程实验（×）×　　电机工程（×）×

电机工程实验（×）×　　平面测量（×）1

平面测量实习（×）×　　高等测量（×）1°

高等测量实习（×）×　　图形力学（×）×

工程图画（×）×　　　材料试验（×）［1］

道路工程（×）1　　　构造理论（×）［1］

钢筋混凝土理论（×）［1］　石工及基础学（×）×

给水工程（×）1　　　营造工程（×）×

桥梁计划（×）×　　　卫生工程（×）1

河工及海港工程（×）1［1］　铁路工程（×）［1］

土木工程系（二）

天文及大地测量（×）[1]	地形测量实习（×）[1]
地形测量计算及制图（×）×	铁道测量实习（×）×
铁道及水文测量实习（×）×	铁道计划及绘图（×）×
工程地质（×）×	铁道弧线及土方（×）[1]
铁道建筑（×）[1]	构造计划（×）×
钢筋混凝土房屋计划（×）×	铁道算题（×）×
道路计划（×）×	铁道养护（×）[1]
铁道志信（×）×	车场及终点（×）×
铁道选线（×）×	高等构造（×）×
桥梁工程（×）×	高等桥梁计划（×）×
钢筋混凝土桥梁计划（×）×	都市计划（×）[1]
高等道路工程（×）×	卫生工程实验（×）×
清水工程（×）1[2]	道路材料试验（×）×
道路管理（×）1	道路运输（×）×
水力学实验（×）[1]	

机械工程系及电机工程系公共科目（一）

经验设计（×）1	初步机械计划（×）×
机动学原理（1）1	热力机常识（×）1
热力工程原理（×）[1]	机械工程实验（×）×
汽锅学（×）×	内燃机（×）×
汽轮机（×）×	水力机（×）×
电机工程（×）1	电机工程实验（×）×
发力厂（×）（二）	发力厂计划（×）×

机械工程系及电机工程系公共科目（二）

木工实习（×）×	锻工实习（×）×

铸工实习（×）×　　　　金工实习（×）×

机械工程画（×）×　　　　水力机实验（×）×

工程材料化学（×）×

机械工程系（一）

蒸汽机（×）1　　　　　铁道机械工程（×）×

汽车工程（×）2［1］　　造船工程（×）×

航空工程大意（×）1　　通风取暖工程（×）×

船用机（×）×　　　　　钢铁冶炼学大意（×）1°

金工机械（×）×　　　　装管工程（×）1°

图解法（×）1

机械工程系（二）

汽锅计划（×）×　　　　高等机械计划（×）×

机车计划（×）×　　　　机器动力学（×）×

厂房计划（×）×　　　　工厂计划（×）［1］

制冷机械（×）×　　　　运输机械（×）×

气力机械（×）×

电机工程系（一）

直流电圈及直流电机(1)1　直流电机试验（×）［1］

电力量法（×）×　　　　交流电圈及交流电机（×）×

布电学（×）×　　　　　电光学（×）×

无线电工程（×）×　　　无线电试验（×）1

无线电信收发（×）×　　交流电机试验（×）×

电话及电报学（×）×　　电力铁路（×）×

电力厂（×）×　　　　　输电学（×）×

电机工程系（二）

电话电报试验（×）×　　蓄电池（×）×

电机计划（×）×　　　　　电力厂计划（×）×

自动电话（×）×　　　　　无线电计划（×）×

无线电传影学（×）×

应用化学系（一）

无机化学工业（1）1　　　有机化学工业（1）1

工业化学实验（×）1　　　酸碱（×）1［1］

制革（×）1　　　　　　　工业分析（×）［1］

化学工程（×）×

应用化学系（二）

窑业（×）×　　　　　　　煤气制造（×）×

酿造（×）1°　　　　　　　制糖（×）［1］

电化学工业（×）［1］　　　油脂（×）［1］

颜料（×）×　　　　　　　色素（×）×

造纸（×）［1］　　　　　　火药（×）×

油漆（×）1　　　　　　　化学工厂建筑（×）×

制皂（×）1　　　　　　　干馏（×）×

挥发油石油（×）×　　　　化学工厂管理（×）×

军用炸药（×）1

采矿冶金系（一）

采矿大意（×）［1］　　　　冶金大意（×）［1］

探矿学（×）1°　　　　　　试金学（×）［1］

选矿学（×）×　　　　　　冶钢铁学（1）2

采煤法（×）×　　　　　　矿床学（×）1［1］

冶铜学（×）×　　　　　　冶金分析（×）×

冶金实验（×）×　　　　　金图学（×）×

冶炼计算（×）×　　冶金银学（×）×

采矿冶金系（二）

采矿法（×）［1］　　野外地质实习（×）×

矿山测量（×）［1］　　洗煤学（×）×

压缩空气学（×）×　　排水及通风（×）［1］

矿业簿记（×）×　　矿业法规（×）×

燃料地质（×）×　　卷扬及运输（×）×

矿量估计（×）×　　矿场管理（×）［1］

矿厂建筑（×）×　　矿场计划（×）×

冶铅锌学（×）×　　电气冶金学（×）×

冶炼计划（×）×

纺织工程系（一）

意匠（×）×　　织算（×）×

纺织原料（×）［1］　　纺织原料试验（×）×

毛纺（×）×　　棉纺（×）［1］

纺织机械（×）×　　着色法（×）×

漂染（×）×　　漂染实习（×）×

棉分解（×）×　　毛分解（×）×

织毛整理（×）×　　工业簿记（×）×

印花（×）×

纺织工程系（二）

毛纺实习（×）×　　木机实习（×）×

铁机实习（×）×　　织物整理实习（×）×

美术绘画（×）×　　印花实习（×）×

纺织工厂管理（×）×

商学院

工商管理系（一）

商业概论（×）× 商业史（×）×

商业地理（×）× 商业组织（×）×

采购论及推销论（×）× 国内外贸易（×）1［1］

国内外汇兑（1）1° 交易论（1）1

实业史（×）× 工厂管理（×）［1］

人事管理（×）× 材料管理（×）×

事务管理（×）× 财务管理（×）×

工业法（×）× 海洋运输（×）1

铁道运输（×）2

工商管理系（二）

重要商品（×）× 堆栈经营论（×）×

公司理财（×）× 应用心理学（×）［1］

保险学（×）1 商业文件（×）×

银行系（一）

银行论（×）［1］ 银行史（×）

银行制度（1）1 1° ［1］银行法（×）×

银行会计（×）× 银行业务（1）1

银行实习（×）［1］ 金融论（1）2°

银行系（二）

信托公司论（×）× 信用调查（×）×

会计系（一）

高等会计（×）×　　　会计学（×）［1］

成本会计（×）［1］

会计系（二）

估值学（×）×　　　审计学（×）［1］

官厅会计（×）1　　　铁路会计（×）1

投资数学（×）1

医学院（一）

解剖学（×）［1］　　　生理学（×）1

病理学（1）2［2］　　　卫生学（×）×

微生物学（×）1　　　药物学（×）1°　［2］

内科学（1）1［1］　　　外科学（×）×

皮肤花柳病学（×）［1］　妇产科学（×）1　1°

眼科学（×）1　　　耳鼻咽喉科学（×）［1］

儿科学（×）×　　　组织学（×）［1］

生理化学（×）×　　　麻疯病（×）［1］

医学院（二）

局部解剖学（×）1　　　局部麻醉学（×）1

进化史学（×）×　　　法医学（×）1°

社会卫生学（×）×　　　寄生虫学（×）1°

处方学（×）×　　　诊断学（×）［1］

精神病及神经病学（×）［1］　热带病学（×）［1］

矫形外科学（×）×　　　绷带学（×）1

泌尿器病学（×）1°　　　理疗学（×）×

细菌学实习（×）1

附五年间编印进度统计

院别	系别	科目总计(一)	科目总计(二)	二十一年十月前 已有书稿或出版物种数(一)	已有书稿或出版物种数(二)	二十六年七月止进行实况 已通过种数(一)	已通过种数(二)	在排印或审查中种数(一)	在排印或审查中种数(二)	已约定编著种数(一)	已约定编著种数(二)	共计(一)	共计(二)
文学院	文学系	三六	一六	六	〇	二〇	四	二	一	一四	三	三六	八
	哲学系	一四	一五	三	二	一二	〇	二	三	三	七	一七	一〇
	史学系	二〇	一五	三	〇	一三	四	五	〇	四	六	二二	一〇
	社会学系	一一	一〇	〇	〇		二	三	一	五	四	八	七
	总计	八一	五六	一二	二	四五	一〇	一二	五	二六	二〇	八三	三五
理学院	算学系	二一	二〇	〇	〇	七	一二	二	〇	六	五	一五	一七
	物理系	二一	一六	〇	〇	二	〇	一	二	二	二	五	四
	化学系	一〇	九	一	〇	四	〇	三	一	六	五	一三	六
	生物学系	二〇	一九	〇	〇	一	〇	三	一	九	四	一三	五
	地理学系	二一	一三	〇	〇	二	〇	〇	〇	二	二	四	二
	地质学系	八	—	〇	—	一	—	一	—	三	—	五	—
	心理学系	八	四	一	〇	四	三	三	二	二	〇	九	五
	总计	八〇	八一	二	〇	二一	一五	一三	六	三〇	一八	六四	三九
法学院	法律系	二二	一三	四	〇	一四	二	一	二	一三	四	二八	八
	政治系	一四	九	三	〇	九	二	三	一	三	四	一五	七
	经济系	二〇	六	四	〇	一七	三	〇	〇	四	一	二一	四
	总计	五六	三〇	一一	〇	四〇	七	四	三	二〇	九	六四	一九

续表

院别	系别	科目总计 (一)	(二)	二十一年十月前已有书稿或出版物种数 (一)	(二)	二十六年七月止进行实况 已通过种数 (一)	(二)	在排印或审查中种数 (一)	(二)	已约定编著种数 (一)	(二)	共计 (一)	(二)
教育学院	教育系	一九一	—	一七	—	三一	—	七	—	二	—	四〇	—
	行政系	一六二	—	六	—	七	—	八	—	三	—	一八	—
	体育系	二一	—	〇	—	〇	—	一	—	二	—	三	—
	总计	三七四	—	二三	—	三八	—	一六	—	七	—	六一	—
农学院	农艺系	九	五	三	〇	六	一	一	〇	四	二	一一	三
	园艺系	四	五	一	〇	三	〇	〇	〇	一	一	四	一
	畜牧系	五	六	〇	〇	〇	〇	〇	〇	二	二	二	二
	森林系	四	五	〇	〇	〇	〇	〇	〇	二	二	二	二
	蚕桑系	五	三	〇	〇	〇	〇	〇	〇	二	二	二	二
	农业经济系	七	五			一		一		二	一	四	二
	总计	三四	二九	四	〇	一〇	二	四	〇	八	八	二二	一〇
工学院	土木工程系	三三〇	二九	一	〇	二	一	四		二	九	三七	一〇
	机械工程及电机工程系共有科目	一四	七	一	〇	四	〇	〇	〇	一	〇	五	〇
	机械工程系	二一	九	〇	〇	五	〇	二	〇	一	一	八	一
	电机工程系	一四	七	一	〇	二	〇	〇	〇	一	〇	三	〇
	应用化学系	七	一七	二	〇	五	三	〇	一	二	四	七	八
	采矿冶金系	一四	一七	一	〇	三	〇	一	〇	四	四	八	四
	纺织工程系	一五	七	〇	〇	〇	〇	〇	〇	二	〇	二	〇

续表

院别	系别	科目总计 (一)(二)		二十一年十月前已有书稿或出版物种数 (一)(二)		二十六年七月止进行实况							
						已通过种数 (一)(二)		在排印或审查中种数 (一)(二)		已约定编著种数 (一)(二)		共计 (一)(二)	
商学院	总计	一〇五	九三	六	〇	三〇	四	七	一	一九	一七	五六	二三
	工商管理系	一七	六	二	〇	五	一	一	一	一	一	七	三
	银行系	八	二	三	〇	二	〇	三	〇	三	〇	八	〇
	会计系	三	五	〇	〇	〇	三	〇	〇	二	一	二	四
医学院	总计	二八	一三	五		七	四	四	一	六	二	一七	七
	不分系	一六	一五	三		七	四	二	三	八	三	一七	一〇
	统计	四四六	三二七	六六	二	一九一	四八	七〇	一七	一三七	七八	三九四	一四二

（附注）

原计划第一集编印之书以三百种为度，结果民国二十一至二十六之五年间已审查通过连同在排印及审查中者共得二六八种，除去二十一年十月前已有之六六种，实得二〇二种；又第二集书于此期内编印完成合审查通过及在审查中者共六五种，除去二十一年十月前已有之二种，实得六三种；两共二六五种，平均每年出版五十余种，较原计划每年拟出四十种尚有超过。

九、编纂中国文化史之研究

（一）文化与文化史

Civilization一语，我国译为文化，《易·贲卦象传》曰："文明以止，人文也。……观乎人文，以化成天下。"文化之译语，当由此而来。孔颖达《易正义》曰："观乎人文以化成天下，言圣人观察人文，则诗书礼乐之谓，当法此教而化成天下也。"《程伊川易传》曰："人文，人伦之伦序，观人文以教化天下，天下成其礼俗。"观吾国之旧说，已知所谓文化者，即指诗书礼乐，人伦之伦序与其成为礼俗者也。清人彭申甫谓："大而言之，则国家之礼乐制度，小而言之，即一身之车服，一家之宫室。"（见彭氏编辑之《易经传义解注辩正》，注：原名《易经解注传义辩正》）其言颇合。盖文化指一民族之进化，无所不包蕴，非一端一节所能标示也。近世史学者及人类学者对于文化之意义，大抵释为"生活之样式"（Life mode）。其义乃指营生活于地球上之人类，分为若干人种或人群，各以相异之式而营求生活；此各自相异之式之生活范围，名曰生活圈（Life cycle），于文化上为一地理的单位。同在一生活圈内所营生活，有种种方面，例如衣食住也，政治也，宗教也，各有其特殊形式；此生活形式，即为构成文化要素之一单位。如由人类学分析之，约可别为学艺、社会、言语、信仰等类。中国之文化，亦莫能外是；如所谓诗书礼乐，人伦伦序，礼俗云云，亦不过谓中国之人，在其生活圈之一单位内，表示其学艺、政治、社会、信仰等之文化云尔。

中国文化，实为东方文化之中心；北自西伯利亚，南迄南洋群岛，东至日本，西至西域，无不被其影响。然中国文化又何自而来耶？文化人类学者，对于文化夙有一源说与多源说之歧异；实即两说各有是处，不能执一而概论。近世对于文化之移动，又有北线，南线，中线诸说；而中国文化则属于文化移动之中线。所谓中线者，谓自西至东之一线，中国殆即此中线之中心。综合诸学者就此问题研究之结果，则拉克伯里（Terrien de Lacouperie）之"巴克族移住说"（Theory of the Bak），及晚近之安特生（J.G.Andersson）与巴克斯顿（L.H.Dudley Buxton）之"彩色土器分布说"（Theory of Distribution of Printed Pottery）皆可证明中国与西亚细亚之关联。拉克伯里断定西亚为中国文明之发源地，而汉族即巴克族。彼谓："中国传说皆暗示其起源于西方，就其史料观察，弥觉可信。汉族当由西北而入中国；中国今日之大，实由微小积累而成。所谓巴比伦古帝Nak-hunte，其音与黄帝相近，盖即巴克族之大酋长，率其族人入中国土耳其斯坦（新疆）向东而进者也。"拉氏既以 Nak-hunte为黄帝，则不能不认迦勒底之 Sargon为神农，而以巴克之名即中国语之百姓。此说，究不免穿凿附会，在今日已少有赞成者。然今之学者，主张由西移东之文化移转线说，实滥觞于拉氏之说，则拉氏之贡献，固非毫无价值矣。至于彩色土器分布说，见解较新，即巴克斯顿之所主张也。彼谓："近人发掘土耳其斯坦之阿脑（Anau）所得彩色土器，最近在中国亦发现之，故中国与土耳其斯坦应划入同一文化圈内。"其说盖本于安特生之记载。安氏于其近著之《古代中国文化》（J. G. Andersson: "An Early Chinese Culture," Bulletin of Geological Survery of China, No. 5, 1919）中，述辽宁省沙锅屯及河南省仰韶村所发现之土石器，而谓仰韶发现之土器与欧洲新石器时代后期，及石铜并用时期为一致。对于分布土耳其斯坦之阿脑及北部希腊，伽里西亚（Galicia），及特里波里采（Tripolitza）之物，亦甚近似。阿脑与仰韶相距固甚远，但交通非不可能。汉代与西域之交通，历史已载之，前此固亦未始不可通行也。西亚此类土器，公元前四〇〇〇年乃至前一五〇〇年尚使用之，其时固可由中国土耳其斯坦以入中国也。此类土器，因在仰韶发现，故称为仰韶文化云。以上所引西人文化之说，谓中国文化由西而来，虽不可尽信，然谓上古绝无往来，殆亦不然。汲冢所出《穆天子传》虽只能视为战国初之小说，然谓殷周之时，绝无东西移动之文化，亦未敢断定也。

　　如前所述，中国之文化，一部分由西而来，似无可否认；然文化之一源说与多源说固相辅并行，不可执一而定论；试观我国周口店发现之北京人，即其明证。北京人之生存，或谓在二十万年前，或谓在四十万年前，虽尚待详考；然其为中国特有文化之征象，则无可疑也。据步达生（Dr. Davidson Black）在《英国皇家学会会报》（Proceeding of the Royal Society）及《比较神经学报》（Journal of Comparative Neurology）所发表之研究报告，北京人小脑之右部较左部为发达，而其大脑之左部则较右部为发达，此可指示北京人已有运用右手之习惯。夫人类开始运用右手，竟远在四十万年前之北京人，诚饶有兴趣之事实也。且北京人脑积左侧下前部特殊发达；此为与言语有关者，故又暗示北京人已有充分发出明晰口语之神经机能矣。人类学家遂以北京人厕于猿人曙人之列，而谓猿人出现于爪哇，北京人出现于中国之周口店，曙人出现于西欧。凡此三型各出于辽绝之地，是即多源说所益持为文化多源之证者也。然此三型之分见三地，更明示人类最初之出现，必非仅此三处；故最初之中必更有最初者，换言之，则多源之上或更有一源；于是一源说又何据以张目矣。要之，在极古时代，所谓人类或已远非今之人类；然其由一而分，由分而又各自创造，且又因交通转移之故，而互有仿效，以递禅而传于今之人类者，殆可为定论矣。就北京人之文化言之，彼能言，能用右手；其发现之迹在前朝旧石器时代，属于早期更新统，所用石器经发现者皆甚粗鲁。然稍后又于周口店发现晚期旧石器时代之北京人，其文化又较前期北京人进步，能治石英及石器与骨器之工业。故谓周口店之北京人为世界人类之起源，固属不可；然中国人类之发祥地与其文化之起源，则殆无可疑。

中国人类文化之先史时代，固尚有待乎详加考证。若乎中国文化史之古，则就以上所述，已有明白之证实矣。盖文化西来之说，后世或因交通及民族移转，而有几分之可信；然中国人类有独自创造之文化，后且传播于东西辽远之地域，则更属可信也。腓得烈·希尔特（Friedirch Hirth）尝谓中国民族与其文化皆出自本土；其他西方学人持此说者亦不少。故中国文化史，至少亦当代表东方之文化，而为世界文化史鼎足之一。夫世界文化史者，固述世界人类进化之历史，然亦于其中专述一种族一国家进化之历史者也。桑戴克氏（Lynn Thorndike）《世界文化史》之导言曰：

"文化之发展也，逐渐累进，变迁繁赜，又常无规律。易言之，即某一人群或某时期之文化有一方面异常进展，而别一方面大退步者。例如爱斯企摩人（Eskimo）制作器作，颇见巧思；而其政治组织，社会生活，处处犹存初民浑噩之风。又如古代亚美利加洲中之马雅人（Mayas），有极宏丽之建筑物，有书法，亦有美备之画法；但不用家畜，其冶金之术亦甚陋，所知犹视今日阿非利加洲之黑人为逊也。且吾人今日之文化，未尝不杂有昔时野蛮鄙陋之俗；易言之，其远胜于旧日文化之点虽多，然有数点或竟退化，而失其固有之美也。此所以文化之研究最为切要；不仅借知今日文化之由来，且欲改正今日文化之程途，而定其趋向。当一民族或全世界发生大变化之际，或值新文化开始之时，常人易为热烈感情所驱使，或心中横梗有偏见误解，致有盲目无识之举动发生。其结果成为倏忽之变化，使一时才智蔽塞聪明，其为害有未能逆睹者。然在有史学修养之人，穷究今古，用心无颇，持学者批评态度，守史家严正眼光，自能识文化发展之程途，而测其变迁所底止。"

桑氏之言，不仅为世界文化史言之，即关于一民族一国家之文化史，亦莫能外是。可以知研究文化史之切要矣。

（二）中国文化史料之丰富

中国文化之由来，其悠久已无待论。然更有足贵者，即中国自古迄今，文化史料又甚丰富。今试分述如下：

（甲）石器陶器等物之发现也　西方学者尝谓中国无旧石器之发现，因而有中国民族及其文化自西方传来之说。孔子亦以"夏殷文献不足征"而谓："周监于二代，郁郁乎文哉，吾从周。"此但谓极盛之文化，至周代而始有灿烂之章物可寻究耳，不能解为前此绝无可见也。及至近年，中西学者发掘上古文化遗物之结果，竟发现前期及晚期旧石器之遗物，足证前此学者中国无旧石器之见解大误。及至新石器发现，益以石铜期并存之遗物及陶器贝器玉器先后出土；于是中国古文化由太古绵延以至夏商之际，更多实物之佐证。中国周口店已发现粗鲁之前期旧石器，为初期旧石器时代之明征；稍后同地又发现晚期旧石器，其中有燧石器，有硅石器，有骨器，有装饰物，又有鱼骨贝类之属。其后相继发现者，于宁夏、鄂尔多斯、榆林之黄土层中，则有或穿孔或刮磨之石用器及兵器；于宣化万全则有剑石及火石制成之用具；于外蒙古则有旧石器新石器时代之石器与陶器及新石器时代灰色绛色陶器，并有花纹，作绞丝形或几何图形。凡此诸物，为时均在数十万年前乃至数万年前。

中国新石器蔓延更广，遍于南北。如雷斧，雷楔，霹雳磕等，皆新石器时代之遗物也；中国北部，东北至辽宁，中至河南，西至甘肃，皆有重要之发见。石器有石刀，小石斧，石锥，石削，石矛，石镞，石环，石珠，石杵，石针，石耡，石镰，石纺织轮等。陶器有单色及彩色；其物有碗，罐，鼎，鬲，瓶，尊，爵，簠，簋，壶，杯，钵，甗，瓴，及陶纺织轮等；花样有席纹，绳纹，回纹，十字纹，狗，羊，豕，马，牛首，人，鸟等纹。骨器有锥，针，凿，耡，兽牙雕刻器等。贝类有贝环，贝琼等。此类产品，至近亦当距今三千七百年以上，即夏商之际，其器物有极精工者。甘肃并发现铜器，且有带翼之铜镞。

（乙）殷商文字之发现也　殷商文字发现于河南安阳县小屯村之殷墟，为殷商之故都，其文字皆刻于龟甲兽骨之上，供占卜之用。卜文中已有以六十甲子纪日，且以十干为人名，男女皆同。其卜文可表现殷代之文化；盖殷人每事必灼龟以卜，而记其文于甲上，如祭祀，告，享，行止，佃，渔，征伐，俘获，问晴，求雨，祈年，卜旬等事，皆可于龟甲上考现之。吾人于此可以知殷代先王先公及其时氏族邦国之名；可以知其时之礼制，社会，风俗等；对于文化史料实甚有益。近人从事研究者颇多。出版之书最著者有《铁云藏龟》《铁云藏龟之余》《殷商贞卜文字考》《殷墟书契前后编》《书契考释》《殷墟文字类编》等，不可胜述。研究此类书籍，不第可知殷代文字之要略，于中国文字之变迁，亦至有用也。

（丙）金石竹简书卷之发现也　古代之金文，以周为最盛。孔子有言："郁郁乎文哉，吾从周。"亦于此见之。盖周代鼎彝钟镈近来出土者甚多；虽殷商为石器铜器并用时期，其铜器发现于今世者亦间有之，然究不敌周金之足资文化探讨也。汉代亦时有周代鼎彝发现；惟为数尚少，识古文者亦无多。故阮元《积古斋钟鼎彝器款识序》曰："汉代以得鼎为祥，因之改元，因之立祀。六朝唐人不多见，学者不甚重之。迨北宋后，古器始多出，复为世重，勒为成书。南宋元明以来，以我朝（清）西清古鉴，美备极矣。且海内好古之士，学识之精，能辨古器，有远过于张敞郑众者。而古器之出于土田榛莽间者，亦不可胜数。"此皆实语。盖自清代以来，金石之学，除宋代欧阳修《集古录》、赵明诚《金石录》及宋吕大临《考古图》、王黼等《宣和博古图》、王复斋

《钟鼎款识》、王俅《啸堂集古录》、薛尚功《钟鼎款识》及清代之《西清古鉴》外；清室所编尚有《宁寿鉴古》《西清续鉴甲编》等。虽宋代所著不甚属铜器；然清室所编，及清代私人所编如阮元之《积古斋钟鼎彝器款识》、吴荣光之《筠清馆金文》、潘祖荫之《攀古楼彝器款识》、方濬益之《缀遗斋彝器款识》、端方之《吉金录》等皆尚志金文。其金石并记者，则有王昶之《金石萃编》、陆心源之《金石续编》、陆增祥之《八琼室金石补正》，要皆多至一二百卷；其编列之文固有在周以后者，然搜罗亦勤矣。他如古玉，古泉，符碑，印玺，瓦当之类，著者益伙。凡此皆足资古代文化之考证者也。至若历代之石文，则有孙星衍之《寰宇访碑录》以及各省志中之金石等；尤数之不能尽者耳。

竹简之文，则晋初发现之竹简，多至数十车；今已不可见，仅留传《穆天子传》及残本《竹书纪年》而已。近年新疆发见之琅玕，皆当时戍守人以竹片互相问候之遗文，亦罕见者也。古以缣帛写书，故有书卷之称；今于敦煌石室中发现北朝及唐以来纸写之书卷，虽多属宗教经典，然亦可考其时之文化，且有各体之书，弥可贵也。

以上皆为实物之发现者，而其中以现代发现为尤多；此诚考古文化之幸事。然历代之文化究以见于今日通行之书籍为最重要；盖纸本之流传，终胜于遗物之散见也。兹续述于下：

（丁）**群经**　《诗》《书》《易》《春秋》皆周代所编辑；《书》经所载有上及周以前者，仍以周为最详。然欲考周代文化之盛，当以《周礼》为荟萃；《周礼》一书或谓周公所作，或谓出于战国时，要其属于周代无疑也。此书分为六官，虽皆记王朝之制；然如朝祭聘享之仪，教育宾兴乐舞之典，宫室衣服车旗币玉之制，田猎征伐之礼，乡道都邑之别，授田治军理民之则，刑狱诉讼之法，食饮牧养之规，以及医药考工之方，莫不备载。他若《仪礼》，虽多记士礼，然亦有诸侯之礼，如公会大夫礼，聘礼等；《礼记》为汉儒所纂；然皆纪周代之文化者，固可备考也。

（戊）史志政书　此皆记汉代迄于清代之制度，或断代为书，或通贯前后；要皆分别部居，备具始末，最为研究中国文化者所必须也。断代之书，首称《汉书》，迄于《明史》及《清史稿》，其间志目，多同少异。例如《汉书》之志，分律历，礼乐，刑法，食货，郊祀，天文，五行，地理，沟洫，艺文诸目；《后汉书》则分为律历，礼仪，祭祀，天文，五行，郡国，百官，舆服等。其他大抵相若，或分礼乐为两志（始自《晋书》），或称百官为职官（亦始于《晋书》）。他若郡国或称州郡，或仍称地理，《宋史》始作河渠志，即《汉书》沟洫志也。《清史稿》始有外交志，犹《金史》之有交聘表也。《宋书》始有祥瑞志，《魏书》则谓之灵征；此即因五行志而增出者也。《唐书》始有选举志，兵志，则从百官志刑法志析出者也。《魏书》有官氏志，记官制与氏族，而《唐书》则有宰相世表，《辽史》有皇族表，部族表，《金史》之黑白姓，则备载于百官志。故观其目之大同，亦可证检寻之便易矣。

至于通贯前后之通史，首推《史记》。《史记》八书曰礼，乐，律，历，天官，封禅，河渠，平准；实为《汉书》所本（前四书《汉书》并为礼乐，律历二志；后四书《汉书》易称天文，郊祀，沟洫，食货）。后世能循《史记》八书之体而扩为专著，留传至今者，当以唐杜佑之《通典》为最显矣。《通典》亦分八门。曰：食货，选举，职官，礼，乐，兵刑，州郡，边防。上溯黄虞，下暨唐之天宝，源流毕贯。次之则为宋郑樵之《通志》；其著此书，实欲仿《史记》之通史体，故兼有纪传；然为世所称许者，乃在其二十略，曰：氏族，六书，七音，天文，地理，都邑，礼，谥，器服，乐，职官，选举，刑法，食货，艺文，校雠，图谱，金石，灾祥，昆虫草木。其略目别具手眼，可谓前无古人。又次之为元初马端临之《文献通考》，分田赋，钱币，户口，职役，征榷，市籴，土贡，国用，选举，学校，职官，郊社，宗庙，乐，兵，刑，经籍，帝系，封建，象律，物异，舆地，四裔各门。是书仿《通典》例，自上古迄于南宋，分类既详，检寻尤便，故最为通行。以上三政书，世所谓"三通"者也。明王圻有《续文献通考》，实欲并续《通志》，故兼有列传；然体例颇杂糅。自清乾隆勑撰之《续三通》及《皇朝三通》出现，而王氏续通考遂废。近年刘锦藻有《续清朝文献通考》之作，记载迄于清末，于是一代之文献亦大略可睹矣。

（己）诸家著作　此等著作，尤为伙赜，或考订文献，或补苴缺漏，或汇集专书；皆极有裨于吾人之检讨。试分别言之。第一类属于考订范围者，则如《四库全书总目》所列杂家之杂考类，凡五十七部。其属于补苴范围者，杂品之属十一部，杂纂之属十一部，杂编之属三部，杂事之属八十六部。此皆著录者。至以存目言，则有杂考之属四十六部，杂品之属二十六部，杂纂之属一百九十六部，杂编之属四十五部，杂事之属一百一部；而艺术类之目犹未及焉，可谓多矣。夫四库总目止于乾隆时，乾隆以后诸家著作，其精要者尤多后胜于前，如《书目答问》及晚近诸家目录所载者皆是，未遑缕述。

（三）中国文化史料之缺点

中国文化史料之发现，自旧石器新石器直至铜器，诚极蓬勃。以空间言，从西伯利亚之叶尼塞河起，南迄南洋群岛，东播于朝鲜半岛，西至西域；皆为与中国文化有关系之区。以时间言，上自四十万年前之周口店北京人，下至于目前；皆可探索中国文化之连锁。空间之广阔，时间之悠久；再加以历代书籍之繁伙；是则中国文化总可编成一有系统之文化史矣。而抑知其缺点固甚多也。此等缺点，于中国文化史之研究，殊多滞碍；今大略分别言之：

（甲）实物之尚待搜集与考查也　中国史料之实物出现虽多，要皆零星散播于各地域。在边远者无论矣，即就本部言之，自甘肃，绥远，山西，河南，陕西，山东，南至广西之武鸣，皆有发现。近则江苏亦发现周初之奄城；其他续有发现之可能者尚多。故欲察中国连贯之线索，尚宜继续努力，勤加探检。且发现之物尚不免有时代之殊，种族之异，与夫假造之蒙混。撰文化史者苟不加考察，比而同之，转失中国文化史之真相矣。

（乙）古籍之散佚也　古籍之散佚，自古已然。孔子叹夏殷文献不足征，即抱斯感想。秦以来书益多，散佚益甚。隋牛弘谓书有五厄："其一则秦始皇下焚书之令，三代坟籍，扫地皆尽。其二，则西汉王莽之末，长安兵起，宫室图书，并成煨烬。其三则东汉董卓之乱，驱迫迁都，图书缣帛，甚至取为帷囊；偶有剩余，值西京大乱，一时播荡。其四则西晋刘石凭凌，京华覆灭，朝章阙典，从而失堕。其五则萧梁之季，侯景渡江，秘省经籍，皆付兵火。尚有文德殿书为萧绎所收，江陵失陷，十四余万卷，绎悉焚之。"是也。牛弘所言，后此仍续演不已。隋代藏书三十七万卷，都覆于砥柱。唐代聚书四部，分藏十二库，一毁于安史之乱，再毁于黄巢之乱，至朱温迁洛，荡然无遗。宋代营求，亦数万卷，悉佚于靖康之祸。南宋又致力搜罗，及宋末而遂无余。元代亦有巨著，如《经世大典》《大元一统志》之属，今皆无存。明代文渊阁之书，今少有传者。所传《永乐大典》万余卷，一再毁佚，至清季义和团事变，残余之本，中外廑存，千不获一。清代庋藏"四库全书"之文汇、文宗、文源三阁皆毁于兵燹；宫中天禄琳琅之古本书，亦都散亡。此历代官藏之遭厄者也。若夫私家所藏，同兹多厄，或子孙之不肖，或水火之相寻，或兵祸之迭起。宋以前无论矣。若宋赵明诚有书二万卷，金石刻二千卷；迭经兵燹，存者无几。至如北宋之南都戚氏，历阳沈氏，庐山李氏，九江陈氏，番阳吴氏，皆号藏书之富。又如王仲至，田镐所藏各三四万卷，其后皆罹兵燹。南宋至明清藏书家亦伙。而清代尤盛起，有多至十万卷者，尤喜搜罗宋元版本，或亲为题跋，或镌印丛书，辑补遗佚。其为时人耳目所熟习者，若天一阁范氏，绛云楼钱氏，汲古阁毛氏，述古堂钱氏，传是楼徐氏，知不足斋鲍氏，士礼居黄氏，粤雅堂伍氏，玉函山房马氏，皕宋楼陆氏，八千卷楼丁氏等，指不胜屈。然此后多已散佚。甚至售诸海外，亦可慨矣。

（丙）清代焚禁之烈也　清代文字之狱，常至门诛，连及亲友官吏。高宗借纂《四库全书》之机会，广征全国遗书，为一网打尽之计。开四库馆时，除已焚毁禁行各书外，凡有进呈之书，由四库馆臣编订查办违碍书籍条款云：（一）自万历以前，各书偶有涉及辽东及女真，女真诸卫……语有违碍者，仍行销毁。（二）明代各书内，有涉及西北边外部落者……若有语涉偏谬，仍行销毁。（三）但涉及三藩年号者……应查明签出。（四）钱谦益，吕留良自著之书，俱应毁除外，若各书有采用其议论诗词者，各条签出抽毁。（五）凡类书及纪事之书，应将其某门某类，抽出销毁。（六）凡宋人之于辽金，明人之于元……语句乖戾者，俱应酌量改正。如有议论偏激过甚者，仍应签出撤销。

由此可知四库之书，其经抽毁删改者，自宋以下之书皆不能免焉。乾隆以来，禁书毁书之目录，经军机处，四库馆，各省奏准全毁抽毁之书，盖不下数千种。仅江西省所献应毁禁书已八千余通。章炳麟有《哀焚书》一文曰："初下诏时，切齿于明季野史，其后四库馆议，虽宋人言辽金，元明人言元，其议论偏颇尤甚者，一切议毁。及夫隆庆以后，诸将相献臣所著奏议文录……丝帙寸札，靡不燃爇，虽茅元仪《武备志》，不免于火，其在晚明，则袁继咸、黄道周至张煌言诸著作；明之后，孙夏峰、顾炎武、黄宗羲等诸著作，多以诋触见烬。其后纪昀作提要，孙顾诸家，始稍入录。……然隆庆以后至于晚明，将相献臣所著，靡有孑遗矣。其他遗闻佚事……被焚毁者，不可胜数也。"观章氏之言，其有害于中国文化史之探讨者，曷有既耶？

（丁）纪载之偏见与缺陷也　我国士夫之著作，要皆偏于庙堂之制度，号为高文大册。其有关于闾阎之琐屑，足以表见平民之文化者，皆不屑及焉。唐李翰为杜佑《通典》序曰："夫五经群史之书，大不过本天地，设君臣，明十伦五教之义，陈政刑赏罚之柄，述礼乐制度之统，言治乱兴亡之由，立邦之道，尽于此矣。然此典者，谓之无益世教，则圣人不书，学者不览，惧冗烦而无所从也。""通典非圣人之书，乖圣人之旨，则不录焉，恶其烦杂也。事非经国，礼法，程制，亦所不录，弃无益也。"《通典》杜佑自序云："不达术数之艺，不好章句之学，所纂通典，实采群言，征诸人事，将施有政。"然则《通典》之作不过备士大夫施政之参考耳。其后《通考》与夫《续通典通考》《清通典通考》之流，要皆本此旨而行。历朝史志，亦莫能外是。仅《通志》二十略于文字，音韵，艺术，尚有关切；然亦士大夫之所流览，而于平民文化无与焉。然则历代政书，只能谓其于政制可备参稽，而其他之遗漏，实不鲜也。

（戊）诸家著作之无系统也　史记政书，既不能探求中国文化之全体，则惟有索之于诸家著作矣。顾诸家著作，虽极浩繁，而实难觅一有系统之书。既如类书，《太平御览》多至一千卷，《册府元龟》亦一千卷，《玉海》二百卷，清代《渊鉴类函》亦有四百五十卷。此皆卷帙宏富，分门别类，朝分代系之书也。而以清之《古今图书集成》一万卷，分汇编六，曰：历象，方舆，明伦，博物，理学，经济。又分三十六典。历象汇编分四典，曰：乾象，岁功，历法，庶征。方舆汇编分四典，曰：地舆，职方，山川，边裔。明伦汇编分八典，曰：皇极，宫闱，官常，家范，交谊，氏族，人事，闺媛。博物汇编分四典，曰：艺术，神异，禽虫，草木。理学汇编分四典，曰：经籍，学行，文字，文学。经济汇编分八典，曰：选举，铨衡，食物，礼仪，乐律，戎政，祥刑，考工。凡分部一千六百有九；每部中有汇考，总论，图表，列传，艺文外编。似此详密繁伙，宜可供中国文化史之史料而有余矣。岂知诸书或因袭前作，事不连贯；或徒录文字，仍需复检；大抵只供科举之用，文词之采。虽图书集成之编辑较《永乐大典》为有进步；然仍未脱前书之故习；如天文之录各史天文志，医书术数之类，则整部录入各书，氏族一典亦不过抄录通志及诸谱系之书而已。故此等书籍，外似浩繁，而中实无统系。欲编文化史者，不能不检寻及此。然或所得有限，或竟毫无所得；则编纂之事未免阁笔无所措手已。其他零星杂记，虽亦有尚记一派一艺之学者，如书画，金石，文学，儒学，文字，音韵，乐律，陶瓷之类，较易考究；然其未能成为统系，则无疑也。

（己）后人臆解及伪造也　此尤为撰文化史者之阻碍。盖我国文化最古，前代文物，易代则毁，驯至学者亦不复追识，遂不免于臆解。例如周之弁冕，衣裳，履舄，圭璧，宫室，琴瑟之制，汉代已不尽知。郑康成以汉制解经，武梁石室诸石刻之画以汉人冠服绘古代，而如殷章甫，周牺尊之类皆出以臆测。许叔慎说文之古文，亦多不合文字之衍变，如谓"一古文弎"之类，钱大昕汗简跋谓是晚周古文。按古文字形亦有变迁，见清方濬益《缀遗斋彝器款释》所考。今有甲骨文、钟鼎文出现，而益征实。汉代衣帻食用之具，亦非六朝所知，遗风在唐代犹有存者。然如阎立本绘《明妃出塞图》，身着幂䍠，此乃隋唐之际，波斯妇女之饰传入中国者也，汉代何自有耶？驯至唐人之诗咏其时妇女着绣行缠，鸦头袜者，明清人即引为唐时妇女已缠足之证；又岂知行缠即行縢，古者男女皆用之；而鸦与丫同，乃指歧头袜，如今日日本男女所着者耳。自宋至清，古风又大变；而诸家解释古书，仍皆以今制释古装。清代汉学家蜂起，皆仍默守汉人许郑之说，谓为家法，如清季黄以周之《礼书通故》，考核古礼备极精详，为研究古文化不可多得之作；然彼宁信郑说牺尊象尊为画牛象之形，黄目为尊上绘一巨目，以及单曰履，复曰舄之说。于宋聂崇义之

《三礼图》亦崇信之，其图绘恶劣，使三代文化，沦于鄙野；而于近今钟鼎彝器之实物，则反不信焉。迄于今日，仍有不信钟鼎彝器甲骨之文，谓为伪造者，益可悯也。至汉晋以来，伪造之书，诚亦极多；经如尚书伪古文；杂史小说如《西京杂记》之类，顾反有信之者焉，滋足异矣。然于文化史编纂之阻碍，不愈甚乎？

（四）外国学者编著之中国文化史

海通以还，欧美日本学者对中国文化研究渐多，半世纪间以各国文字编著之中国文化史，无虑数百种。兹举较著者，依其性质分列于左：

一般文化史

Andersson,J.G.	An Early Chinese Culture (Bulletin of the Geological Survey of China. October,1919,pp.1-68)……1919
后藤朝太郎	支那文化之研究①……1925
Musso,G.D.	La Cina ed;Cinasi (2 vols.,Milan)……1926

---

① 支那：是近代日本侵略者对中国的蔑称。甲午战争中清政府失败后，"支那"一词在日本开始带上了战胜者对于失败者的轻蔑的色彩。1946年，应中国代表团的要求，盟国最高司令部责令日本禁用此词。

Forke,A.   Die Gedankenwelt des Chinesischen
                   Kultur-kreises(Handbuch der
                   Philosophie,Berlin)······1927

Maspero,Henri   La Chine Antique(Paris)······1927

Wilhelm,R.   Ostasien,Werden und Wandel
                   des Chinesischen Kultur-
                   kreises(Potsdam)······1928

Goodrich,L.C.&
  Fenn,H.C.   Sullabus of the History of Chinese
                   Civilization and Culture (New
                   York)······1929

Grousset René   Les' Civilisations de 1' Orient,
                   Tome III,La Chine (Paris)······1930

滨田耕作   东亚文明之黎明······1930

高桑驹吉   支那文化史讲话······1931

Gale, E.M.   Basis of the Chinese Civilization
                   (New York)······1934

Latourette,K.S.   The Chinese:Their History and
                   Culture,2 vols.(Nwe york)······1934

Hauer,E.   Chinas Werden im Spiegel der
                   Geschichte D.Wissenschaftu.
                   Bildung (Berlin)······1934

京都帝大文学会   东方文化史丛考······1936

内藤虎次郎   东洋文化史研究······1936

桑原隲藏   东洋文明史论丛······?

哲学总论

Peizmaier,A.	Die philosopfischen Werke Chinas in dem Zeitalter der Thang (Sitzungs-berichte diphil. hist Classe D.K.Ak.d.Wis.Vienna Bd.89,Jan.1878)······1878
Suzuki,D.T.	B ief History of Early Chinese Philosophy (London)······1914
Bruce,J.P.	Chu Hsi and His Masters (London)······1923
橘惠胜	东洋思想史概论······1923
Zenker,E.V	Geschichte der chinesischen Philosophie，2 vols. (Reichenberg)······1926
Forké	Geschichte der Alten Chinesischen Philosophie (Hamburg)······1927
Hackmann,H.	Chinesische Philosophie (Munich)······1927
Wieger	History of the Religious Beliefs and Philosophical Opinions in China······1927
斋伯守	支那哲学史概说······1930
境野哲	支那哲学史研究······1930
渡边秀方	支那哲学史概论······1931
高濑武次郎	支那哲学史······?
宇野哲人	支那哲学史讲话······?

远藤隆吉	支那哲学史……?
中内义一	支那哲学史……?
	哲学各论
Franke,O.	Über die Chinesische Lehre von den Bezei'chnungen (Leyden)……1906
	宋元明清儒学年表……1919
今关寿麿	The Philosophy of Human Nature
Bruce,J.P.	by Chu Hsi (London)……1922
Wilhelm,R.	Chinesische Lebensweisheit (Darmstadt)……1922
宕桥通成	东洋伦理思想概论……1922
三浦藤作	东洋伦理学史……1923
宇野哲人	儒学史上……1924
获原扩	支那道德文化史……1927
Duyvendak,J.T.L.	Historie en Confucianisme……1930
森本竹城	清朝儒学史概说……1930
	经学
本田成之	
诸桥辙次等	支那经学史论……1927
	经学史……1933
	宗教总论
Edkins,Joseph	Religion in China (Boston)……1878
Channell,W.T.	The Historical Development of Religion in China(London)……1881
Legge,J.	The Religions of China (London)……1881

Groot,J.J.M.de	The Religious System of China,Its Ancient Forms,etc.4 vols.(Leyden)······1892—1901
Groot,J.J.M.de	Sectarianism and Religious Persecution in China,2 vols. (Amsterdam)······1903
Grube,W.	Religion und Kultus der Chinesen (Leipzig)······1900
Wieger,L.	Histoire des Croyances Religieuses et des Opinions philosophiques en Chine Depuis I' Origine jusquä nos jours ······1917
Creel,H.G.	Sinism:A Study of the Evolution of the Chinese World View (Chicago)······1920
Granet,M.	La Religion des Chinois (Paris)······1922
Schnidler,B.	Development of the Chinese Conception of Supreme Beings(London)······1922

宗教各论

Hackmann,H.	Der Buddhismus(Halle)······1906
Brcomhall,M.	Islam in China(London)······1909
D Ollane	Recherches sur les Musulmans Chinois (Paris)······1911
Wieger,L.	Boudhisme Chinois,2vols.

	(Hochienfu)······1910—1913
Wieger,L.	Taoism(Shanghai)······1911
Soothill,W.E.	The Three Religions of China(London)······1913
Stewart,J.L.	Chinese Culture and Christianity (New York)······1915
Hodons,L.	Buddhism and Buddhists in China (New York)···1924
Doré,Henri	Recherches sur les Superstitions en Chine,15 vols.(Shanghai)······ 1914—1926
Probodh Chandra Bagchi	Le Canon Bouddhique en Chine,les Traducteurs et les Traductions (Paris)······1927
Johnson,O.S.	A Study of Chinese Alchemy (Shanghai)······1928
Latourette,K.S.	History of Christian Missions in China (New York)······1929
Monle,A.C.	Christians in China from the Year 1550(London)···1930
Reichelt,K.L.	Truth and Tradition in Chinese Buddhism (Shanghai)······1930
Shryock,J.K.	The Origin and Development of the State Cult.of Confucius (New York)······1932
Bernard,H.	Aux Portes de la Chine les Missionaires

	du XVI Siéde(Shanghai)······1935
境野哲	支那佛教精史······1935

经济

Visserng,W.	On Chinese Currency,Coin and Paper Money (Leiden)······1877
Kann,E.	The Currencies of China (Shanghai)······1901
Visserng,G.	On Chinese Currency—Preliminary Remarks about the Monetary Reform in China (Batavia)······1912
田中忠夫	支那经济史研究······1922
田崎仁义	支那古代经济思想及制度······1924
Böhme,K.	Wirtschaftsanschauungen Chinesischer Klassiker (Hamburg)······1926
Kato,S.	A Study of the Suan—fu,the Poll Tax of the Han Dynasty (Memoirs of the Research Department of the Toyo Bunko.No.I.,pp.51—68)······1926
来原庆功	东洋政治经济思想渊源······1928
Gale,E.M.	Public Administration of Salt in China:A Historical Survey (The Annals of the American Academy of Political and Social Sciences, November 1930,pp.241—251)······1930
Wittfogel,K.A.	Wirtschaft und Gesellschaft

	Chinas.Erster Teil,Produktivkrafter Produktions—und Zirkulations Prozess(Leipzig)……1931
台湾总督府①	中华民国茶业史……1931
青柳笃恒	支那近世产业发达史……1931
Tawney,R.H.	Land and Labour in China……1932
森谷克己	支那社会经济史……1935

政治

Dingle,E.V.	China's Revolution,1911—1912 (Shanghai)……1912
Weale,Putnam	The Fight for the Republic in China (New York)……1917
Vinacke,H.M.	Modern Constitutional Development in China (Princeton)……1920
吉野作造	支那革命史……1921
Seufert,von Wilhelm	Urkunden zur Staatlichen Neuordnung unter der Han—dynastie (Berlin)……1922
原田政治	中华民国政党史……1925
北一辉	支那革命外史……1925

---

① 台湾总督府：指甲午战争后，1895年（明治28年）日本设置的统治台湾 的机构，全权管理民政、军政和军令，1945年（昭和20年）日本战败， 该机构废除。

Ferguson,J.C.	Political Parties of the Northern Sung Dynasty (Journal of the North China Branch of the Royal Asiatic Society,1927,pp.36−56)······1927
Rotours,Robert	Les grands Fonctionnaires des Provinces en Chine sousla Dynastic des T 'ang (T 'oung Pao,1928,pp.219−332)······1828
Holcombe,A.N.	The Chinese Revolution (Cambridge)······1930
Franke,O.	Staatssozialistische Versuche im alten und mittelalter−lichen China (Philosophische historische Klasse,1931,XIII,pp.218−242)······1931

法制

浅井虎夫	支那法制史······1905
东川德治	支那法制史研究······1924

外交

Cordier,H.	Histoire des Relations de la Chine avec les Puissances Occidentales,860−1900,3 vols.(Paris)······1901−1902
Morse,H.B.	The International Relations of the Chinese Empire (New York)······1910
Latourette,K.S.	History of Early Relations between the U.S.A. and China,1784−

1844(New Haven)······1917

Cordier,H.   Hestoire générale de la Chine
                    et de ses relations avec les Pays
                    étrangers ,4 vols.(Paris)······1920

Wil'oughby,W.W.   Foreign Rights and Interests in
                    China (New York)···1927

窪田文三   支那外交通史······1928

稲坂碪   近世支那外交史······1929

植田捷雄   支那外交史论······1933

中外交通与贸易

Sprenger,A.   Die Post—und Reise—routen
                   des Orients(erstes Heft,pp.73—
                   91,Leipzig,1864,Abhandlungen
                   der Deutschen Mor—genlä
                   ndischen Gesellschaft III
                   Band)······1864

Hirth,F.   China and the Roman Orient
                   (Shanghai)······1885

Chavannes,E.   Les Pays d'Occident d'après
                   le Heou Hau Chou (T'oung
                   Pao,1907,pp.149—234)······1907

浅井虎夫   支那日本通商史······1907

Herman,Albert   Die alten Seidenstrassen zwischen
                   China und Syrien (Quellen und
                   Forschungen zur alten Geschichte
                   und Geographie,Berlin)······1910

Chavannes,E.	Documents—Chinois d'éconverts par Aurel Stein dans les Sables du Turkestan Oriental (Oxford)······1913
Ferrand,Gabriel	Relations de Voyages et Textes Géographiques Arabes,Persans et Turks Relatifs à I 'Extrème— Orient du VIIIeau XVIIIe Siècles (Paris)······1913 '
Laufer,B.	Arabic and Chinese Trade in Walrus and Narwhal Ivory (T'oung Pao,pp.315−370)······1913
Morse,H.B.	The Trade and Administration of China (London)······1913
Rockhill,W.W.	Notes on the Relations and Trade of the Indian Ocean during the 14th Century (T 'oung Pao)······1913−1915
Yule,A von Col. Sir Henry	Cathay and the Way Thither ,Vol. I(London)······1915
Ferrand ,Gabriel	Voyages du Marchand Arabe Sulaymân,en Inde et en China rédigé en 851 suivi de Rewarques par Abû zard Hasan(vers 916,Paris)······1922
Groot,T.T.M.de	Chinesische Urkunden zur Geschichte Asiens,2 vols. (Berlin)······1921−1926

Remer,C.F.	The Foreign Trade of China (Shanghai)······1926
木官泰彦	日支交通史······1927
Le Coq,A von	Buried Treasures of Chinese Turkestan (London)······1928
矢野仁一	支那近代外国关系研究······1928
Hermann,A.	Lou–lan,China,Indian und Rom in Lichte der Ausgrabungen am Lobnor (Leipzig)······1931
Hudson,G.F.	Europe and China:A Survey of Their Relations from the Earliest Times to 1800(London)······1931
Stein,M.Aurel	On Ancient Central Asian Tracks (London)······1933

拓殖

Rockhill,W.W.	China's Intercourse with Korea from the 15th Century to 1895(London)······1905
Maspero	Le Royaume de Champa(T'oung Pao)······1911
MacNair,H.F.	The Chinese Abroad (Shanghai)······1924
Parker,E.A.	A Thousand Years of the Tartars (London)······1924

Mosolff,H.	Die Chinesische Auswanderung (Restock)……1923
Maybon,CH.B.	La Domination Chinoise en Annam (III av.J.C.—939ap.J.C.)……?

中国文化西渐

Martion,P.	L'Orient dans la Litté ratuer Francaise au XVIIe et au XVIIIe Siècles (Paris)……1906
Söderblom,N.	Das Werden des (Göttesglaubens pp.324—360,Leipzig)……1916
Laufer,B.	Sino—Iranica,Chinese Contributions to the History of Civilization in Ancient Iran,with Special Reference to His.Cultivated Plants and Products.(Chicago)……1919
Reichevein,A.	China and Europe:Intellectual and Artistic Contacts in the 18th Century.Trans.by Powell(New York)…1925
Pinot.V.	La Chine et la Formation de 1'Esprit Philosophique en France,1640—1740……1932

教育

Biot.E	Essai sur 1'Histoire de 1'Instrucction Publique en Chine

	(Paris)······1847
中岛半次郎	东洋教育史······1911
Monroe,Paul	A Report on Education in China(New York)······1923
Galt.M.L.	The Development of Chinese Educational Theory (Shang—hai)······1929

社会

Smith,A.H.	Village Life in China(New York)······1899
Morse,H.B.	The Gilds of China(London) ······1909
稻叶君山	支那社会史研究······1922
Ward J.S.M.and Sterling,W.G.	The Hung Society,2vols. (London)······1925

语文

Karlgren,B.	Le Protochinois,langue flexionnelle(Jena)······1920
Karlgren,B.	Sound and Symbol in China (London)······1923
Karlgren,B.	Philology and Ancient China (Oslo)······1926

天文

| 新城新藏 | 东洋天文学史研究······1928 |
| Saussure,L.de | Les origines de I'astronomie Chinoise (Paris)······1930 |

农业

King,F.H.	Farmers of Forty Centuries (Madison)······1911
Wagner,W.	Die Chinesische Landwirtschaft (Berlin)······1926
Buck,J.L.	Chinese Farm Economy (New York)······1930

工业

| Carter,T.F. | The Invention of Printing in China and Its Spread Westward(New York)······1931 |
| 中山久四郎 | 世界印刷通史（支那篇）······1931 |

医学

| 蓼温仁 | 支那中世医学史······1931 |

一般美术

Bushell,S.W.	Chinese Art,2 vols (London)······1910
Münsterberg,O.	Chinesische Kunstgeschichte,2 vols.(Esslingen)······1910
Fenollosa,E.F.	Epochs of Chinese and Japanese Art,2 vols.(London)······1912
Pelliot,Paul	Notes surquelques Artistes des Six Dynasties et des Tang(Toung Pao 1923,pp.215−291)······1923
Segalen,Victor,	Gibert de Vorsins et Jean Lartique Mission Archeologique

	en Chine.1914—1917.2 vols. Paris······1923—1924
Tizac,H.d'Ardenne de	L'Art Chinois Classique (Paris)······1926
Rostovtzeff,M.I.	The Animal Style in South Russia and China (Princeton)······1929
Soulie,C.G.	History of Chinese Art from Ancient Times to the Present Day,Trans.by G.C.Wheeler (New York)······1929
Cohn,William	Chinese Art(London)······1930
Fischer,Otto	Die Chinesische Malerei der Han Dynastie (Berlin)······1931
泽村专太郎	东洋美术史の研究······1932
大村西崖等	东洋美术史······1932

绘画

Binyon,L.	Painting in the Far East (London) ······1908
中村不折等	支那绘画史······1914
Giles,H.A.	An Introduction to the History of Chinese Pictorical Art (London)······1918
Fischer,Otto	Chinesische Landschaftsmalerei (Munich)······1921
Warey,Arthur	An Introduction to the Study of Chinese Painting (London)······1923

金原省吾　　　　　　支那上代画论研究……1924
东方文化学院京都研究所——支那山水画史……1934

书法

有谷静堂　　　　　　支那书道史概说……1930

雕塑

Chavannes,E.　　　　Six Monuments de la Sculpture
　　　　　　　　　　Chinoise (Paris)……1914

Laufer,B.　　　　　　Chinese Clay Figures
　　　　　　　　　　(Chicago)……1914

Le Coq,von　　　　　Die buddhistische Spätantike
　　　　　　　　　　in Mittel−Asien,vol.
　　　　　　　　　　I.Dieplastik(Berlin)……1922

Aston,Leigh　　　　　An Introduction to the Study
　　　　　　　　　　of Chinese Sculpture(Lon−
　　　　　　　　　　don)……1924

Siren,O.　　　　　　Chinese Sculpture from the 5th
　　　　　　　　　　to the 14th Century, 4 vols.
　　　　　　　　　　(London)……1925

Laufer.B.　　　　　　Chinese Grave Sculptures of the
　　　　　　　　　　Han Period (London)……1926

Hentze,C.　　　　　　Chinese Tomb Figures:A Study in
　　　　　　　　　　the Beliefs and Folklore of Ancient
　　　　　　　　　　China (London)……1928

陶磁器

Brinkley,F.　　　　　China:Its History,Arts and
　　　　　　　　　　Literature,vol.9(Boston)……1902

Laufer,B.	The Beginnings of Porcelain in China (Chicago)···1917
Schmidt,R.	Chinesische Keramik von der Han−zeit bis zum XIX Jahrhundert (Frankfurt am Main)······1924
Hobson,R.L.and Hetherington,A.L.	The Art of the Chinese Potter from the Han Dynasty to the end of Ming(London)······1923
Arne,T.J.	Painted Stone Age Pottery from the Provinces of Honan,China Palaeontologia Sinica Series D.vol.1,Fas.2(Peking)······1925
Hobson,R.L.	The Later Ceramic Wares of China (London)······1925
上田恭辅	支那陶器之时代的研究······1929
渡边素舟	支那陶磁器史······1929

铜器

Koop,A.T.	Early Chinese Bronzes (London)······1924
Voretzch,T.A.	Altchinesische Bronzen (Berlin)······1924
Rostovtzeff,M.	Inlaid Bronzes of the Han Dynasty(Paris)······1927

音乐

| Comant,M. | Essai Historique sur la Musique |

	Classique des Chinois (Paris)······1912
Wilhelm,R.	Chinesische Musik(Frankfurt a.m)······1927
田尚边雄	东洋音乐史······1935

建筑

Boerschmann,Ernst.	Chinesische Architektur,2 vols. (Berlin)······1925
Iren,O.	The Imperial Palaces of Peking,3 vols.(Paris)···1926
伊东忠太	支那建筑史（东洋史讲座）······1931

文学总论

久保天随	支那文学史······1908
Giles,H.A.	A History of Chinese Literature (London)······1909
Grube,W.	Geschichte der Chinesischen Literatur (Leipzig)······1909
儿岛献吉郎	支那大文学史······1910
儿岛献吉郎	支那文学考······1920
Erkes,E.	Chinesische Literatur (Breslau)······1922
儿岛献吉郎	支那文学史纲······1922
Wilhelm,R.	Chinesische Literatur(Wildpark Potsdam)······1927
西泽道宽	支那文学史概说······1928
水野平次	支那文学史······1932

寺内淳三郎　　　　　汉文学史概论……1932

　　　　　　　　　　文学各论

Johnston,R.F.　　　The Chinese Theatre
　　　　　　　　　　(London)……1921

铃木虎雄　　　　　　支那诗论史……1925

宫原民平　　　　　　支那小说戏曲史概说……1929

泽田总清　　　　　　支那韵文史……1929

Arlington,Z.C.　　　The Chinese Drama from the Earliest
　　　　　　　　　　Times Until Today……1930

青木正儿　　　　　　支那近世戏曲史……1930

　　　　　　　　　　考古

Lacouperie,T.de　　Western Origin of Chinese
　　　　　　　　　　Civilization (London)…1887

Laufer,B.　　　　　Jade,a Study in Chinese
　　　　　　　　　　Archaeology and Religion
　　　　　　　　　　(Chicago)……1912

Chavannes,E.　　　Mission Archeologique dans la
　　　　　　　　　　Chine Septentrionale,1909–
　　　　　　　　　　1915(Paris)……1915

Grunwedel,A.　　　Alt–Kulscha(Berlin)……1920

Pelliot,Paul　　　　Les Grottes Touen–houang,
　　　　　　　　　　1914–1921(Paris)……1921

Stein,Sir Aurel　　　Serindia(London)……1921

Le Coq A.von　　　Die Buddhistische Spätantike in
　　　　　　　　　　Mittelasien (Berlin)……1923–1933

民族

Shirokogoroff.S.M.	Social Organization of the Manchus (Shanghai)······1924
Shirokogoroff	Anthropology of Eastern China and Kwangtung (Shanghai)······1925
Shirokogoroff	Onthropology of Northern China (Shanghai)······1925
Shirokogoroff	Social Organization of the Northern Tungus (Shanghai)······1925
Franke,O.	Geschichte des Chinesischen Reiches (Berlin)······1930
和田清	支那民族发展史······？

上表都二百三十四种，皆欧、美、日本学者之著作；国人之以他国文字编著者不与焉。此固非详尽之书目；然重要之作，殆鲜遗漏。按其性质，得三十有二类。计一般文化史十八种，哲学总论十五种，哲学各论十种，经学二种，宗教总论十种，宗教各论十七种，经济十四种，政治十一种，法制二种，外交八种 ，交通与贸易二十一种，拓殖六种，文化西渐五种，教育四种，社会四种，语文四种，天文二种，农业三种，工业二种，医学一种，一般美术十三种，绘画七种，书法一种，雕塑七种，陶磁器八种，铜器三种，音乐三种，建筑三种，文学总论十一种，文学各论六种，考古七种，民族六种。再归纳之，则一般文化史仅占十八种，自余二百十六种尽

属分科文化史。二者之比，殆为一与九。足见分科文化史之著作，视一般文化史为易。至以内容论，则一般文化史中，除一二种堪称佳构外，大都失之简略。而分科文化史则佳构不在少数，又足见分科文化史之著作，较一般文化史易著成绩。惟已有之各科文化史，体例不一，详略不等，且重要科目多未编著；此其最大之缺憾也。

（五）外国学者编纂之世界文化史

世界文化史浩如烟海；然大别之，不外综合的与分科的二类。综合的文化史，固不乏佳著；惟既须贯通各民族，又须综合各科目；非失诸芜杂，则稍嫌简略。其编纂之困难，视一国或一民族之文化史尤甚。至分科的文化史，规模巨而体例佳者，就著者所知，当推法国出版之"人类演进史丛书"（L'Evolution De L'Humanite），主编者为Henri Barr氏。全书五十余巨册，每册述一专题。自一九二〇年开始刊行。越五年，英国继起而有同样之编辑计划。其体例与法国之"人类演进史丛书"无二致，而规模益大，定名为"文化史丛书"（History of Civilization），主编者为剑桥大学之C. K. Ogden氏，而以美国之Harry Elmer Barnes教授为编辑顾问；俾于英美两国同时发行。全书拟编为二百余种，迄今已出版者九十八种，每种一巨册。其中译自法文之"人类演进史丛书"者四十二种；余皆自行编著。已出版各书别为十五类，列举于下，其非译自法文者别加星符为记。

(1) 导论及史前文化史

Rivers,W.H.R	★Social Organization
Perrier,Edmond	The Earth Before History
Morgan,Facques de	Prehistoric Man
Renard,G.	★Life and Work in Prehistoric Times
Childe,Gordon V.	★The Dawn of European Civilization
Vendryes,F.	Language:a Linguistic Introduction to History
Febvre,L.	A Geographical Introduction to History
Pittard,E.	Race and History
Childe,V.Gordon	★The Aryans
Moret,A and Davy,G.	From Tribe to Empire
Burns,A.R.	★Money and Monetary Poliey in Early Time
Smith,G.Elliot	★The Diffusion of Culture

(2) 古帝国文化史

Moret,A.	The Nile and Egyptian Civilization
Delaporte,L.	The Mesopotamian Civilization
Glotz,G.	The Aegean Civilization
Burn,Andrew Robert	★Minoans,Philistines and Greeks

(3) 希腊文化史

Farde,A.	The Formation of the Greek People
Glotz,G.	★Ancient Greece at Work
Sourdille,C.	The Religious Thought of Greek
Deonna,and Ridder,	Art in Greece
Robin,L.	Greek Thought and the Scientifc Spirit
Glotz,G.	The Greek City and its Institutions
Fouguet,P.	Macedonian Imperialism

（4）罗马文化史

Homo,Léon	Primitive Italy and Roman Imperialism
Grenier,A.	The Roman Spirit in Religion, Thought,and Art
Homo,Léon	Roman Political Institutions
Declareuil,F.	Rome the Law-giver
Toutain,F.	Economic Life of the Ancient World
Chapot,Victor	The Roman world
Louis,Paul	★Ancient Rome at Work
Hubert,H.	The Celts

（5）罗马世界以外文化史

Hubert,H.	Germany and the Roman Empire
Huart,Clament	Ancient Persia and Iranian Civilization
Granet,M.	Chinese Civilization
Granet,M.	The Religion of China
Hudson,G.F.	★Feudal Japan
Parker,E.H.	A Thousand Years of the Tartars
Hudson,G.F.	★Nomads of the European Steppe
(ED.)Levi,S.	India
Sidbanta,N.K.	★The Heroic Age of India
Ghurye,G.S	★Caste and Race in India
Thomas,E.H.	The Life of Buddha.as Legend and History
Thomas,E.H.	The History of Buddhism

（6）基督教起源史

Lods,Adolphe	Israel,to the Middle of the Eighth Century

Guignebert,C.	Jesus and the Birth of Christianity
Guignebert,C.	The Formaiton of the Church
Guignebert,C.	The Advance of Christianity
Labriolle,P.de	★History and Literature of Christianity

（7）罗马帝国崩溃时代文化史

Lot,Ferdinand	The End of the Ancient World
Diehl,C.	The Eastern Empire
Halphen,L.	Charlemagne
Lot,Ferdinand	The Collapse of the Carlovingian Empire
(Ed.)Boyer,P.	The Origins of the Slaves
Baynes,Norman	★Popular Life in the East Roman Empire
Phillpotts,B.S.	★The Northern Invaders

（8）教权昌盛时代文化史

Doutté,E.	Islam and Mahomet
Barrau-Dihigo,L	The Advance of Islam
Alphandéry, P.	Christendom and the Crusades
Genestal,R.	The Organizaiton of the Church

（9）中古艺术史

Lorquet,P.	The Art of the Middle Ages
Strong,E.	★The Papacy and the Arts

（10）君权改造时代文化史

Petit-Dutaillis,C.	The Foundation of Modern Monarchies
Meynial,E.	The Growth of Public Administration
Meynial,E.	The Organization of Law

（11）社会经济演进史

Bourgin,G.	The Development of Rural and Town Life
Boissonnade,P.	Maritime Trade and the Merchant Gilds
Cartellieri,Otto	★The Court of Burgundy
Boissonnade,P	★Life and Work in Medieval Europe
Power,Eileen.	★The Life of Women in Medieval Times
(ED.)Newton,A.P.	★Travel and Travellers of the Middle Ages
(ED.)Prestage,Edgar	★Chivalry and its Historical Significance

（12）学术演进史

Huisman,G.	Education in the Middle Ages
Br é bier,E.	Philiosophy in the Middle Ages
Rey Abel and Boutroux,P.	Science in the Middle Ages

（13）中世与近代过渡史

Lorquet,P.	Nations of Western and Central Europe
(ED.)Boyer,P.	Russians,Byzantines and Mongols
Renaudet,G.	The Birth of the Book
Hughes,C.Hartmann	★The Grandeur and Decline of Spain
Seaton,M.E.	★The Influence of Scandinavia on Englan
Gregory,T.E.	★The Philosophy of Capitalism
Mrs.Russ é ll,Bertrand	★The Prelude to the Machine Age
R e n a r d,G.and	★Life and Work in Modern Europe
Weulersee,G.	★London Life in the Eighteenth Century
George,M.Dorothy	★China and Europe in the Eighteenth
Reichwein,A.	Century

（14）分科文化史

Cumston,C.G.	★The History of Medicine

Summers Montague	★The History of Witchcraft
Summers Montogue	★The Geography of Witchcraft
Gregory,T.E.	★The History of Money
Isaac,F.	★The History of Taste
Powys Mathers,E.	★The History of Oriental Literature
Gray,Cecil	★The History of Music

（15）人种史

Dudley,L.H.Buxton	★The Ethnology of Africa
Durley,L.H.Buxton	★The Peoples of Asia
Fox,C.E.	★The Threshold of the Pacific
Karsten,Rafael	★The South American Indians
Macleod,F.G.	★The American Indians Frontier
Hodson,T.C.	★The Ethnology of India
Bendann,E.	★Death Customs

以上系据原出版者之分类，兹为便利比较计，别按第四项之分类；其结果除一般文化史占七种，分国文化史占二十一种外，所余七十种皆属分科文化史。计哲学占一种，宗教十二种，政治七种，经济五种，法律二种，教育二种，社会十一种，语文一种，科学二种，医学一种，艺术四种，文学一种，地理二种，民族十七种。除分国史因本丛书为世界文化史，不得不特别编著外，其间一般文化史种数与分科文化史比较，适为一与十之差别。足见文化史欲谋编纂之便利与完善，有不得不倾向于分科编纂者矣。

（六）编纂中国文化史应用如何方法

如前所述，中国文化如是悠久，其史料又如是繁复；欲为综合的编纂，既非一手一足所能任，尤苦组织困难。旁览外人所著之中国文化史，则泰半采分科编纂方法，以避难而就易；甚至外国学者编著之世界文化史，亦如出一辙。故文化范围广泛，即在完整之国家，以少数人综合广泛之史料，终不若以多数人分理各专科之史料为便，其他更无论矣。梁任公叙清代学者整理旧学之总成绩为：一，经学，二，小学及音韵学，三，校注先秦诸子及其他古籍，四、辨伪书，五，辑佚书，六，史学，七，方志学，八，谱牒学，九，历象及自然科学，十，地理学，十一，政书，十二，音乐学，十三，金石学，十四，佛学，十五，编类学，十六，丛书及目录学，十七，笔记及文集，十八，官书。凡此之成绩皆非一人一时之力；盖亦分科研究，而后有此者也。晚近国内学人颇有编著分科文化史者，一方面利用清代学者局部整理之遗产，他方面取法欧美新颖之体例，各就所长，分途程功；惟成书仅少数科目，无以蕴文化之全范围。而外国学者数十年编著之我国分科文化史，种数号称数百，然侧重艺术、政治、经济、交通数科目，余多缺略；除取材纯疵不一外，即以范围论，亦未能窥我文化史之全豹也。顾一视我国现有之出版物，犹觉彼胜于此，此我国之耻也。窃不自揣，欲有以弥此憾而雪斯耻；爰博考外人编纂之我国文化史料与前述英法两国近年刊行文化史丛书之体例，并顾虑我国目前可能获得之史料，就文化之全范围，区为八十科目。广延通人从事编纂；亦有一二译自外籍者，则皆删订，务期核实。历时已久，汇集成编，分期刊行，用供众览。斯皆萃一时之闳雅，发吾国之辉光，分之为各科之专史，合之则为文化之全史。当代君子，其亦有取于斯乎。

附拟编"中国文化史丛书"八十种目录于下：

（一）中国目录学史　　（二）中国图书史

（三）中国经学史　　（四）中国伦理学史

（五）中国理学史　　（六）中国道教史

（七）中国佛教史　　（八）中国回教史

（九）中国基督教史　　（一〇）中国社会史

（一一）中国风俗史　　（一二）中国政治思想史

（一三）中国政党史　　（一四）中国革命史

（一五）中国外交史　　（一六）中国藩属史

（一七）中国经济思想史　　（一八）中国经济史

（一九）中国民食史　　（二〇）中国财政史

（二一）中国田赋史　　（二二）中国盐政史

（二三）中国公债史　　（二四）中国货币史

（二五）中国法律思想史　　（二六）中国法律史

（二七）中国中央政制史　　（二八）中国地方政制史

（二九）中国军学史　　（三〇）中国水利史

（三一）中国救荒史　　（三二）中国教育思想史

（三三）中国教育史　　（三四）中国交通史

（三五）中国西域交通史　　（三六）中国日本交通史

（三七）中国南洋交通史　　（三八）中国西洋交通史

（三九）中国殖民史　　（四〇）中国礼仪史

（四一）中国婚姻史　　（四二）中国妇女生活史

（四三）中国文字学史　　（四四）中国训诂史

（四五）中国音韵学史　　（四六）中国算学史

（四七）中国度量衡史　　（四八）中国天文学史

（四九）中国历法史　　　（五〇）中国科学发达史

（五一）中国农业史　　　（五二）中国渔业史

（五三）中国牧畜史　　　（五四）中国工业史

（五五）中国建筑史　　　（五六）中国矿业史

（五七）中国商业史　　　（五八）中国医学史

（五九）中国文具史　　　（六〇）中国兵器史

（六一）中国陶瓷史　　　（六二）中国印刷史

（六三）中国食物史　　　（六四）中国金石史

（六五）中国书法史　　　（六六）中国绘画史

（六七）中国音乐史　　　（六八）中国武术史

（六九）中国游艺史　　　（七〇）中国韵文史

（七一）中国散文史　　　（七二）中国骈文史

（七三）中国戏曲史　　　（七四）中国小说史

（七五）中国俗文学史　　（七六）中国史学史

（七七）中国考古学史　　（七八）中国地理学史

（七九）中国疆土沿革史　（八〇）中国民族史

二十六年一月八日　王云五

十、编纂《中山大辞典》之经过

　　《中山大辞典》之编纂，实肇端于不自满与不量力之一个人，其人为谁，笔者是已。笔者对于字书初鲜研究，于其编辑亦乏经验，民国十四年因发明四角号码检字法，欲实验其效用，先就商务书馆出版多年之国音学生字汇，剪贴改排，结果流行不甚广；此或因世人狃于习惯，是书原有按部首排印之本，沿用多时，故改按新法排印者未足与比也。笔者遂转念，别编一种工具书，体例与向有者不同，即按四角号码顺序，以新法排列新稿，借瞻其效用。于大半年间，以个人及二三助手之力，编成一种语体解释，横行排版，并按四角号码顺序之辞书，命名《王云五大辞典》。彼时，笔者对于字书辞书之视野殊狭，其所谓"大"，仅为对于后此所编之《王云五小辞典》之相对语，实即是书仅中等程度之普通辞典而已。自时厥后，笔者于编纂辞书之兴趣，日益浓厚，与其对检字法之研究无异。于是继续搜罗资料，备增订《王云五大辞典》之需。计自民国十七八年迄二十六年"八一三"以前，九年之间，几无日不从事于此。其中可分为三时期。第一时期，量多而粗，费力较少；大体就我国旧日之字书类书，今日之字典辞典，及日文各科辞典，逐条剪贴于卡片之上，注明来源，一一按其辞语之汉字四角号码排列。笔者除选书及规定剪贴范围外，所有剪贴排比工作，悉委诸家人戚属，并于年暑假中，集戚友之子女熟习四角检字法者相助排此。第二时期，量略少而精，费力十数倍于前期，取材方面，旧籍则就注释最详与最后出者，新籍则自各科专著之最可靠者，摘取其辞语与必要之释义，一一标以符号，分发剪录；并按其所属附注篇名卷次。此项摘辞工作，除笔者自任一部分外，分别委诸各科专任或兼任编辑，初仅三四人，继增至十余人，即剪录工作亦已视前复杂，除一部分由家人担任外，多数交发外间具相当程度及曾受训练者为之。第三时期，量少而最难得，费力亦最多。盖就前二期所搜集之资料，于其短缺者，尽力补充，俾各科资料有适当之比例。此项资料，或较偏僻，或甚难得；本国方面如方言方技之属，世界方面如新事物新制度之属，大部分即于本期集得。往往一书仅得数条，一条费力甚久。笔者除从事于搜集外，摘辞工作，尽委诸各科编辑员。此外更就西文百科全书若干种，译其标题为我国适当之名辞，所见页码，一一录入卡片，与其他资料卡片合排，俾供编纂时之参考。总之由《王云五大辞典》之编辑，进至第一期资料之搜集；及由第一期资料之搜集，递进而至第二期，第三期；皆由于笔者对学术工作之不自满，而以一人之精力资力，妄冀成此庞大之工作，亦可谓不自量矣。

民国二十五年春，中山文化教育馆（简称文教馆）理事长孙哲生先生，于笔者多年自秘之工作有所闻，本其提倡学术之诚，一再偕吴德生、傅秉常、林语堂、温源宁先生等枉顾敝庐，就彼时已搜集之资料卡片六百余万纸，详加检视，认为取材丰富，得未曾有。经即提议利用此项资料，编纂一部空前之大辞典，而由中山文化教育馆出资合作，俾底于成，于是笔者提出下列编纂《中山大辞典》（简称大辞典）计划：

（甲）体例与内容

（一）《中山大辞典》之编纂体例与英国《牛津大字典》大致相同，其特点如下：

（子）集我国单字辞语之大成，无论古典与通俗，辞藻与故实，新知与旧学，固有与外来，罔不尽量收罗。

（丑）单字辞语一一溯其源流，穷其演变，不仅详释意义，且表明一字一辞之历史。

（寅）一字一辞之来源，皆多方博采，互为比较；向日仅据一书而武断之谬误，得以校正不少。

（卯）古代文物，科学名辞，多非文字所能释明；本书插图多至十万，广蒐博采，用助了解。

（辰）我国字体变迁，备极繁复，降至今日，尚有篆楷行草种种同时并行。本书为使读者明了文字演变之历史，所收单字，咸附各体书法，以资比较。

（巳）条文按四角号码排列，故虽以四十四厚册，五千万言，六七十万条之多，而一检即得，较普通小辞典之按旧法排列者检查尤便。另编各种索引，俾未习新法自任何方面检查者咸感便利。是项索引别为两类：一自部首，笔画，注音符号，罗马字母等检取单字；一自英法德日文检取各种术语。

（二）《中山大辞典》所收单字约六万；辞语约六十万。

按《康熙字典》收单字四万零五百四十五，《集韵》收单字五万三千五百二十五。大辞典除尽收两书单字外，旁及新字及俗体字，全部不下六万。

又按《辞源》正续编所收辞语约六万；大辞典所收六十万，十倍于《辞源》。

（三）每一单字或辞语之解说举例，多者不下万字，少者四五十字，平均约八十字。全书单字辞语事六十六万，连解说举例，约共五千万字。

按《辞源》每一辞语之解说举例平均四十二字。大辞典均较详尽，平均每条解说举例之字倍于《辞源》；而条数当《辞源》之十倍；故全书分量约等于《辞源》之二十倍。

（四）《中山大辞典》之编纂，以计划者（本文又称笔者）历年收集之资料六百余万条为基础。按计划者据以收集资料之刊物，截至彼时，计有我国字书类书二百二十一种，中外字书辞书百科全书等二百三十九种，其他图书一千三百八十八种，报纸杂志一百二十七种。

（乙）编纂与印刷

（五）全书编纂与印刷之工作，限六年内完成；其程序如下：

（子）第一年内分为下列三项：

（天）整理已收集之资料

（地）补充新资料

（人）综合各种资料，依本计划（甲）款第一条之规定编纂之。

（丑）第二年第一月开始缴稿，随即排字制版，每月缴稿排版均以一百二十五万字为度，全书稿本限于四十月内，即第五年五月前，陆续缴齐。

（寅）第三年第一月开始出书，每月一册。全书四十册限于第六年第五月以前陆续出齐。

（卯）索引四册，限于正书出齐后六月内同时出版。

（六）《中山大辞典》之版式为三开本。除单字用三号字排版，辞语用五号字排版外，所有解说举例皆排六号字，每面连插图平均实排千五百字以上，全书五千万字，约排三万四千面；分订四十册，每册平均八百五十面。另附索引四册，合为四十四册。

（丙）（丁）两款系关于经济上之预算，其大旨即由中山文化教育馆与计划者合作，计划者除以过去八九年精神物力收集之资料六百余万条供大辞典采用外，并负编纂全书之责。文教馆担任于大辞典编纂期内，出资补助计划者完成本计划。编成书稿交商务印书馆按版税法印刷发行。所有著作人方面应得之版税，由文教馆与计划者各占半数。至文教馆补助之款总额为二十六万元，自订约之日起，按月支付三千五百元。

上开计划，经孙哲生先生提交中山文化教育馆设计委员会通过后，于二十五年三月二十日与笔者签定正式契约；而《中山大辞典》编纂处（简称编纂处）即于四月成立，按所订契约，开始其工作。

自二十五年四月迄二十六年八一三沪战发生，为时一年有四月。依原计划之规定，第一年工作分为三项；自第二年起陆续缴稿,随即排字制版。虽兹事体大,头绪纷繁;幸赖编纂处诸同人之努力,竟得勉符计划。兹分就下列各项说明之。

（子）**编纂处组织**

《中山大辞典》编纂处,以总编纂,复校,编稿,摘辞,缮写,剪贴,排卡,各种人员组织之。总编纂由计划者兼任。复校专任者四人,兼任者七八人,皆为各科或国学专家而富有著作编审经验者。专任编稿二十余人,皆大学各科毕业而有编译经验者。摘辞除由复校编稿各人就所长分科兼任外,并委托外间专家多人分任之。剪贴用人无定数,大部分以外间曾受相当训练者任之,同时多至数十人。缮写之工作有二,一则就所摘辞语及其释义举例之不便剪贴者,分条录于卡片上;一则就编稿人编成之稿复写于特备之稿纸上。排卡人将剪贴或缮录之卡片一一按四角号码及其附角附笔之顺序混合排比,缮写排卡两项均系专任,人数合计不下二十。

此外更设顾问委员会,于必要时,由总编纂商请中山文化教育馆理事长,会同函聘国内各专家担任,而以文教馆理事长为当然委员长。其目的在于正稿发排以前,编纂处如有怀疑难决之问题,得有所请益,俾收集思广益之效。

（丑）**补充资料**

此为《中山大辞典》编纂处成立之后第一年之主要工作,上述第三时期所收集之资料,大部分即属是年之成绩。此项补充资料多至百余万条,连原有之六百余万条,合得七百四十余万条。经此次补充后,各方面之资料无不具备。且有相当比例,不致畸轻畸重。总计剪录字书,类书,中外辞典各科专著,志书,杂志,日报等,合共二千七百零九种。其性质若按图书分类法区别之,则总类占四百零八种,哲学占一百三十六种，宗教占三十四种，社会科学占一百八十五种，语文占九百十三种，自然科学占一百三十六种，应用科学占三百八十七种，艺术占七十九种，文学占一百九十一种，史地占二百二十四种。为避免错误及节省时间起见，除甚难得之书籍或一书所摘辞语无多者外，尽量采用剪贴方法；其必须缮录者，录出后另派人就原书校雠，以免讹夺。

（寅）编纂原则

大辞典仿《牛津大字典》之例，不仅解释意义，并表明各字各辞之历史，故于单字辞语之意义，莫不穷其演变，溯其源流。具体之法，即按所见典籍之时代而定其意义之先后。又以我国古籍极多，且有代远年湮不易确定先后者，经详加研究后，决将单字辞语所自出之古籍，依下列原则为序：

（一）有年代可考者，依其年代之先后为序。

（二）同年代中有多数著作时，依作者生卒之先后为序。

（三）著者不明时，殿相当年代之最后。

（四）正史与当时之典章制度有关，未便依著者之年代定其次序，故列于所纪年代之最后，但正史之叙论赞仍按著者时代。

（五）著者不明及出书时代不明时，依最先注释之人或最初发现之时代为序。例如《水经》《山海经》及《纬书》等均按最先之注；《穆天子传》《逸周书》《竹书纪年》等，均按最初出土之时代。

（六）伪书与非伪书之主张不一者，仍按通常认定之时代。

查隋唐以后之著作，其著作人生卒可考者占大多数；依上开各原则为序，当鲜困难。惟周秦迄南北朝之经籍及隋唐以后之子史两部若干要籍，或因著作人生卒不易确定，或因书之真伪颇有问题，经考订斟酌，规定其中二百余种之次序如下：

（一）周易，（二）尚书，（三）诗，（四）仪礼，（五）春秋，（六）论语，（七）墨子，（八）左传，（九）公羊传，（一〇）穀梁传，（一一）尸子，（一二）孙子，（一三）司马法，（一四）孟子，（一五）孝经，（一六）老子，（一七）庄子，（一八）楚辞——离骚，九歌，天问，九章，远游，卜居，渔父，（一九）荀子，（二〇）国语，（二一）周礼，（二二）邓析子，（二三）公孙龙子，（二四）楚辞——大招，（二五）楚辞——九辩，招魂，（二六）管子，（二七）晏子春秋，（二八）吕氏春秋，（二九）韩非子，（三〇）国策，（三一）尉缭子，（三二）商子，（三三）慎子，（三四）山海经，（三五）六韬，（三六）黄帝素问，（三七）尔雅，（三八）尚书大传，（三九）楚辞——惜誓，吊屈原，鹏赋，（四〇）贾谊新书，（四一）淮南子，（四二）楚辞——招隐士，（四三）韩诗外传，（四四）楚辞——哀时命，（四五）春秋繁露，（四六）楚辞——七谏，（四七）史记，（四八）新语，（四九）楚辞——九怀，（五〇）急就篇，（五一）礼记，（五二）大戴记，（五三）说苑，（五四）列女传，（五五）新序，（五六）楚辞——九叹，（五七）飞燕外传，（五八）方言，（五九）法言，（六〇）太玄，（六一）鬻子，（六二）焦氏易林，（六三）鹖冠子，（六四）文子，（六五）汉书，（六六）越绝书，（六七）诗序，（六八）汉官旧仪，（六九）白虎通，（七〇）汉书叙论赞，（七一）论衡，（七二）楚辞——九思，（七三）释名，（七四）五经异义，（七五）说文解字，（七六）吴越春秋，（七七）潜夫论，（七八）东观汉记，（七九）参同契，（八〇）独断，（八一）伤寒论，（八二）金匮玉函经，（八三）乾凿度郑注，（八四）尚书中侯郑注，（八五）毛诗谱，（八六）世本，（八七）申鉴，（八八）中论，（八九）风俗通，（九〇）燕丹子，（九一）尹文子，（九二）鬼谷子，（九三）神农本草经，（九四）水经，（九五）周髀算经，（九六）牟子，（九七）后汉书，（九八）人物志，（九九）列子，（一〇〇）小尔雅，（一〇一）孔子家语，（一〇二）古史考，（一〇三）汉武内传，（一〇四）列仙传，（一〇五）三国志，（一〇六）傅子，（一〇七）穆天子传，（一〇八）逸周书，（一〇九）竹书纪年，（一一〇）帝王世纪，（一一一）高士传，（一一二）九章算术，（一一三）海岛算术，（一一四）三国志叙论赞，（一一五）博物志，（一一六）毛诗草木鸟兽虫鱼疏，（一一七）西京杂记，（一一八）抱朴子，

（一一九）神仙传，（一二〇）枕中书，（一二一）华阳国志，（一二二）搜神记，（一二三）拾遗记，（一二四）搜神后记，（一二五）晋书，（一二六）后汉书叙论赞，（一二七）宋书，（一二八）汉武故事，（一二九）广雅，（一三〇）神异经，（一三一）十洲记，（一三二）齐书，（一三三）宋书叙论赞，（一三四）齐民要术，（一三五）水经注——郦道元，（一三六）文心雕龙，（一三七）南齐书叙论赞，（一三八）刘子新论，（一三九）金楼子，（一四〇）洛阳伽蓝记，（一四一）梁书，（一四二）魏书，（一四三）北齐书，（一四四）玉篇，（一四五）玉台新咏，（一四六）颜氏家训，（一四七）难经，（一四八）洞冥记，（一四九）周书，（一五〇）陈书，（一五一）南史，（一五二）北史，（一五三）文中子，（一五四）隋书，（一五五）梁书叙论赞，（一五六）陈书叙论赞，（一五七）晋书叙论赞，（一五八）隋书叙论赞，（一五九）匡谬正俗，（一六〇）北齐书叙论赞，（一六一）拨沙经，（一六二）周书叙论赞，（一六三）南史叙论赞，（一六四）北史叙论赞，（一六五）亢仓子，（一六六）灵枢经，（一六七）元真子，（一六八）阴符经，（一六九）述异记，（一七〇）酉阳杂俎，（一七一）续孟子，（一七二）伸蒙子，（一七三）素履子，（一七四）吴子，（一七五）天隐子，（一七六）无能子，（一七七）玉泉子，（一七八）

风后握奇经，（一七九）关尹子，（一八〇）石申星经，（一八一）文章缘起，（一八二）旧唐书，（一八三）新唐书，（一八四）古今注，（一八五）金华子，（一八六）旧唐书叙论赞，（一八七）化书，（一八八）旧五代史，（一八九）新五代史，（一九〇）忠经，（一九一）旧五代史叙论赞，（一九二）广韵，（一九三）集韵，（一九四）声隅子，（一九五）新唐书叙论赞（一九六）孔丛子，（一九七）李卫公问对，（一九八）关朗易传，（一九九）元经，（二〇〇）周子通书，（二〇一）新五代史叙论赞，（二〇二）隆平集，（二〇三）古三坟书，（二〇四）类篇，（二〇五）资治通鉴，（二〇六）何博士备论，（二〇七）子华子，（二〇八）广成子解，（二〇九）东坡志林，（二一〇）焚椒录，（二一一）素书，（二一二）辽史，（二一三）程子粹言，（二一四）李忠定辅政本末，（二一五）懒真子，（二一六）胡子知言，（二一七）路史，（二一八）续博物志，（二一九）金史，（二二〇）孔子集语，（二二一）心书，（二二二）脉诀，（二二三）宋史，（二二四）晋史乘，（二二五）楚梼杌，（二二六）韵会举要，（二二七）元史，（二二八）郁离子，（二二九）元史叙论赞，（二三〇）读书录，（二三一）空同子，（二三二）海樵子，（二三三）汉杂事秘辛，（二三四）胎息经，（二三五）海沂子，（二三六）叔苴子，（二三七）十六国春秋，（二三八）于陵子，（二三九）至游子，（二四〇）明史，（二四一）新元史。

（卯）单字编纂

单字之编纂，分形，声，义，三段。其编法略述于后。

（天）关于形者　大辞典为使读者明了文字演变之历史，每字按先后就可能分列（1）甲骨，（2）大篆，（3）古文奇字，（4）小篆，（5）缪篆，（6）隶书，（7）草书，（8）楷书八种形体，其取材根据于下表：

文字类别	时代	文字存在器物	取材所据之书籍
甲骨文	商	龟甲，兽骨，契刻	殷墟书契考释（罗振玉），殷墟文字类编（商承祚）；甲骨文字研究（郭沫若）；甲骨文编（孙海波）
大篆	商，周	钟鼎，彝器，石鼓	说文古籀补（吴大澂），说文古籀补补（丁佛言），说文古籀三补（强运开），金文编（容庚），金文续编（容庚），石鼓释文（强运开）。
古文奇字	周，秦	孔壁经书，戈，矛，玺币，陶器	三体石经，汗简（郭忠恕），笺证（郑珍），古文四声韵（夏竦），古籀疏证（王国维），古籀补三种
小篆	秦，汉		说文解字（徐铉），说文逸字（郑珍），秦金文录（容庚）
缪篆	秦，汉	印玺	缪篆分韵（桂馥），凝清室汉印（罗福颐）
隶书	秦，汉	秦汉铜器款识，汉代碑碣	隶辨（顾蔼吉），隶篇（翟云升），汉金文录（容庚）
草书	汉	阁帖	宋拓淳化阁帖，阁帖释文，孙过庭书谱释文，三希堂帖释文
楷书	晋		玉篇，龙龛手鉴，唐韵

以上各种字形皆从原拓原刻直接剪取，依序裱贴制版，以期不失真相。

（地）关于声者　每字依其先后，分注《玉篇》《唐韵》

《集韵》《韵会》《正韵》《佩文诗韵》及现今之国音，俾明其声读之源流与演变。

（人）关于义者 字义之解释按下列规定：

（一）一字有意义多项者，归纳为若干项，每项各以数字记其排列之次序。

（二）各项释义均举引例。举例有数则时，以出自最大之书籍者首列，余依书籍之先后顺序排列。

（三）举例注意下列各点：（1）书名及篇名，（2）注释者姓名，（3）同一释义而举例有多种时，纵的方面，选最先见之例，横的方面，选最常见之例。

（四）各项释义之排列，按其首列之例定先后。

（五）方言俗语等，出自各志书及其他近人著作或杂志报章者，概视为最近之书，列于群书举例之最后。

（辰）辞语编纂

大辞典辞语之编纂，其步骤有二，即关于（一）资料之去取与（二）解说之体例是也。兹分别说明之。

（一）关于资料之去取 通常编纂辞典，辄恐资料不足，此书适与相反，惟苦资料过多，去取之标准难定。即有标准，亦往往不忍割爱，盖先后搜罗资料多至七百余万卡片，其中常见之条文，每条固有多至数百卡片者，而罕见之条文每条或仅一二片，故全部条数虽末及点明，然按每条平均卡片四张约计尚合实际。于是七百余万之卡片中，至少含有不同之条目一百八十万。查《中山大辞典》编纂计划，所收辞语以六十万为限，是则所有资料中，只能取其三分之一，而去其三分之二。编纂之初，虽经详加考虑，定有去取标准，然编稿者多至二十余人，复校者不下十人，兴趣不同，宽严各异；最后纵由总校者定去取，终以一人精力有限，恐仍不免超过限度。

（二）关于解说之体例 辞语大别为三类；即（1）辞藻，（2）各科名辞，（3）固有名辞；其解说亦各类不一。兹分述之。

（甲）辞藻之解说，至少括有释义与举例二段。释义在我国旧名辞中固不易恰当者。经子中单辞片语，往往为专家学者聚讼多时，而莫衷一是；矧以少数人之学识，尽举旧籍中一切辞语而释之，其未能尽允洽，自无待言；惟生当斯世，借清人治经之所得，与历代诠释子部要籍者之见解，利用客观方法——归纳而胪列之，不作武断之决定，如此网罗诸说，以供参考，较诸仅举例句不复释义者，效用当有进焉。大辞典全部除辞语属于故事者，其意义已于举例中说明外，余无一不有释义。至举例则有先出者取其最先出，有互相发明者依序并列，有不同者分立他义或并入他义。然无论何种例句，莫不举其所从出书籍之篇名或卷次，俾参考者得进向原书考证。

（乙）各科名辞之解说条例，除首注其西文术语及以一二字代表所属学科外，纵因篇幅所限，条数又极多，未能一一为详尽之解说，然于必要之性质效用率阐述无遗。遇有重要辞语，则一条之解说辄多至万字或数千字，视一般百科全书之解说有过之无不及，即视专科大辞典亦未稍逊也。抑大辞典分条极细，就“一”字范围内之“一般”二字所统属之法律条文观之，计有“一般主义”“一般竞争契约”“一般诽谤罪”“一般诬告罪”“一般诉讼条件”“一般诈欺罪”“一般背职罪”“一般刑法""一般强制执行""一般强盗罪""一般破产主义""一般破产申请""一般预防主义""一般恐吓罪""一般习惯性""一般负担""一般行为能力""一般私行拘禁罪""一般代理""一般伪证罪""一般特许""一般侵占罪""一般侵权行为""一般条款""一般免除""一般租赁""一般伤害罪""一般宣告""一般窃盗罪""一般湮灭证据罪""一般减轻""一般法""一般法学""一般遗弃罪""一般渔业权""一般没收""一般过失""一般滥用职权罪""一般权""一般权利能力""一般加害""一般杀人罪""一般救贫法规""一般故意""一般掳人勒赎罪""一般抢夺罪""一般国际法""一般毁弃损坏罪""一般人""一般分别共有""一般无效原因"，等五十一条，字数合一万三千余，平均每条约二百六十字，以分条言，固视现有任何法律大辞典为细，以内容言，亦视一般专科辞典为详。他如以"一氧"二字所统属之化学条文论，计有三十五条，字数合九千八百余，平均每条二百八十字。以"一时"二字所统属之西医条文论，计有八条，字数合一千七百余，平均每条二百十字。以"一次"二字所统属之算学条文论，计有三十六条，字数合九千七百余，平均每条二百七十字。此外各科大致准此。故大辞典内容各种科学条文，分之固成专科大辞典，合之则无异百科全书也。

　　（丙）固有名辞之解说体例，与各科名辞大致相同，除本国者不注西文外，其说明详略亦视重要程度而定。惟此项名辞数量极多，其属于我国者，人名概常有别称，地名更恒分新旧，为求体例划一，检阅便利起见，曾经订定如下之标准：

（A）人名

（a）帝王，爵位

（1）列入正史之帝王隋以前者以谥法为主（如汉武帝，隋文帝），唐以后者以庙号为主（如唐太宗，明成祖）；其例如下：

1、追封之帝仍以姓名为主，但谥号另作附见条（如曹操为主条，魏武帝为互见条）。

2、汉代诸帝王之谥，不必如"孝"字，如孝惠、孝文、孝武，均作汉惠帝、汉文帝、汉武帝；但南北朝之北魏，北齐不删"孝"字。

3、隋以前帝王之未得谥者，从其封爵（如齐之东昏侯，魏之高贵乡公）。

4、唐以后帝王之未有庙号者，始用谥法（如晋出帝、周恭帝、元泰定帝、元顺帝、明惠帝）。

（2）割据之主，以姓名为主，其庙号或其他称号作互见条。

（3）异姓封爵以姓名为主，其别号封爵及谥均作互见条。

（4）同姓封爵依世系为序，括为一总条，另按各人姓名分列互见条；其有特殊事迹者以其姓名为主，而互见于封爵之总条。封爵总条之编法，先列封爵名；如不止一人者则用1、2、3、4、标别之。每一项中先列时代，次姓名，再次家世（如某人子等）或封爵原因，再次受封于何年，最后注其来源，例如：

（高密王）1、汉，刘弘，广陵厉王子，宣帝孝始二年

封。（见汉书王子侯表）

（5）同姓封爵有谥者分别括入总封爵条之各项，但较著名者可将封爵连谥作一互见条。

（b）普通人名

（6）人名编辑之次序如下：1、时代，2、籍贯，3、字号，4、家世，5、经历，6、著作，7、坟墓。

如一条中有二人以上，或人名以外尚有其他含义者，则须于第一人之时代前加"人名"二字。例如：

（高飏）（1）谓高飞而去也……

　　　　（2）人名。1、宋临安人。……2、清仁和人。……

又如外国人而欲冠以我国时代者，则须于时代下加一"时"字。例如："唐时高句丽人"。

（7）生卒可查得者尽量补入，其地位在籍贯下，一律用阿拉伯数字，如（1243—1307），前（1273—1371）等。仅知卒年者作（—1317），仅知生年者作（1273—）。

（8）凡典史，县丞，主簿，教谕，守备等除一官以外并无事迹者不取。又孝子，节妇之不甚著名者亦不取（但宋以前从宽采取，元以后外官取自知县以上，内官取自主事以上）。

（B）地名

（1）凡属地理之联字，最初分别标明"山名""水名""地名""县名"等字样，照引原书，而地名已改变者于其末加案语，例如：

（山名。《清一统志》"在甲县"，按甲县即今之乙县）

其末改变者不必加案语。

（2）地名之为州，郡，国，县，府，道，山，川，城，镇者，加州，郡，国，县，府，道，山，川，城，镇等字作为主条（如高阳郡，高阳国，高阳县，应各以"高阳郡""高阳国""高阳县"为主）叙述其沿革。另立一总括条，综列各项，例如：

（高阳）1、郡名。见"高阳郡条"，2、国名。见"高阳国"条，……

（3）侨置州郡，应并入州郡条（如高阳侨郡应并入高阳郡条，另作附见条）。废郡，废县，废城，故城，均作为附见条，而以其资料并入各该郡县城条中。

（巳）编纂程序

编纂分为（1）编稿，（2）缮写，（3）复校，（4）总校四步，略加说明如下：

（1）**编稿** 以资料卡片为根据，所有已按四角号码排比之卡片标题，由管卡处依序录入发卡簿，送由总编纂或其指定之复校人，剔除去一部分无须采取者外，均按各编稿人专长之学科，分别批明由何人编稿，发还发卡处查照将卡片分送于各编稿人。编稿人收到各卡片后，除认为非本人所长者得退还发卡处，或认为无须采取者置而不用外，应即逐条撰稿。其法将同标题各卡片互相比较，或选定最精详之一片为主，或合并若干片，而舍短取长，依照规定条例增删归并后，再整理其文字标点，如有疑点，则参考原书、他书或他片，以期正确。卡片上之资料如系外国文字而未汉译者酌量情形，或全译，或摘译其一部分，并据他片之资料增补之，如认为卡片资料不足，亦得根据其他专籍，另行撰稿。为节省时间起见，编稿人以就卡片增删归并整理为原则，如有必要，始用空白卡片撰稿或补稿。并就已整理之片末各署代表编稿人姓名之一字（例如"一"字长编各条末圆括弧中之小字），以明责任。

（2）缮写　编稿人整理完毕之卡片及其所附之增补稿片概交缮写处，用特备之稿纸复写三份，每条另起一页，一页不敷，则接写若干页。卡片所注书名号码及代表编稿人姓名之字应附记稿纸之下端，如稿纸有数页时，则记于最末一页之下端。

（3）复校　缮成之稿纸，连同所附卡片，由管稿人按照总编纂指定之范围，分送各复校人校阅。复校人除校正内容体例及文字外，对于条文之去取，得再决定。又如认为取材编制尚有未当，得退回编稿人重新撰稿，或径由复校人就参考所得之新资料代撰之。复校后各于条末署一代表姓名之字（例如"一"字长编各条末方括弧中之小字），以明责任。

（4）总校　各稿经复校后由管稿人汇送总编纂总校。总校之目的，以条文之去取及体例之划一为主。虽偶然仍得补校错漏，终以范围过广，时力有限，只能注意大体而已；唯编稿人多至二三十，复校亦有十数，总其纲领者实亦不可少也。

（午）条文排列

本书单字辞语合六十余万条，其数之多，为我国任何字书辞书所不及。《康熙字典》仅四万余条，因按部首排列，检查已觉不易。本书条数十六七倍于《康熙字典》，而一条有长至万字者，即其平均字数，亦数倍于《康熙字典》之平均条文。设仍按部首或任何其他方法排列，检查上之困难将十倍于《康熙字典》，殆无疑义。字书辞书之效用，以检查迅速为主要条件之一。四角号码检查极速，益以附角附笔之补助，任何数量之条目，均可归纳于确定不易之号码下。证以七百余万卡片之按此法排比后，检查至为便捷，则大辞典内容六十余万条文之排检，自更不成问题。大辞典之排列，每字以六码为原则，小数点前之四码为四角号码，小数点后之第一码为附角号码，第二码为横笔之数。间有六码相同者，则再增一码或二码区别之；第七码或小数点后之第三码为垂笔之数，第八码或小数点后之第四码则为点捺之数。此系极罕之例，不常见也。至排比方式，则除单字与单字间依上述号码为序外，同一单字之各辞语，则按第二字序其顺次，第二字相同者，再按第三字序其顺次；第四字以下不列号码，惟暗中仍按四角号码及其附角附笔为序，以故单字辞语虽多至六十余万，每字每辞莫不有其一定之地位，检查既迅速，复正确也。

二十六年四月《中山大辞典》编纂处之工作适满一年，同月中山文化教育馆与商务印书馆签订合印大辞典之契约，因工作繁重，嗣后并须按月出版一册，商务印书馆对于材料与工作之支配，不能不有相当时间为之准备；又以此种庞大之著作于其正式出版以前，有依原定办法，组织顾问委员会，并向全国学者征求意见之必要，遂商得中山文化教育馆之同意，将正稿延迟数月排版，先以"一"字条文作为长编印行。于是提前将"一"字所属各条文整理，因时期迫促，除编纂处同人几全部从事于此外，并得商务印书馆编审部数人以其余暇相助，用能于两月之短期内告成；自六月起发交商务印书馆排版，甫成三分之一，而"八一三"沪战突发，纸版铅字尽毁，幸原稿缮有三份，底本尚存。自八月起，中山文化教育馆以战事发生，经费支绌，原定按月补助之款不得已暂止付，并函嘱编纂处暂停工作。是年十月笔者为商务印书馆维持其任务，离沪南行，拟得便在香港将此长篇底稿整理重排，又以人事倥偬，奔走湘汉港之间，不遑宁处；蹉跎数月，至今岁二月始付商务印书馆香港分厂排版，阅十月而完成，计得五千四百七十四条，排成四百七十八页，每页字数平均二千，合计不下百万字，平均每条约二百字，而"一"之单字释义多至万一千余字。规模之大，自信迈越前古，即世界著名之《牛津大字典》亦不是过。惟以《中山大辞典》编纂处中途停办，与"一"字长编移港重排之故，成绩不能副所望者颇多，约言之：一则资料卡片全在他地，校对时未能就底片复核，错漏定难免；二则编校人星散，原拟于排版时，遇疑点或不满意处临时商榷修正者，遂亦无法实行；三则港地参考书缺乏，有怀疑处无从考证；四则笔者为应付商务印书馆目前危局，日昃不遑，原定之总校职务多未能履行；五则插图仅得一分，业随原稿被毁，仓卒不能补制。夫以如是庞大之工作，成于如是忙乱之时期，错漏冗滥，岂能幸免！顾仍重烦手民，遽予出版者，则以长编之作，系先辑各书所载与本书有关系之事实，而依次排比之，如宋司马光之编通鉴先成长编，其后李焘之《续资治通鉴》长编本此。笔者于发排《中山大辞典》正稿之前，所为辑印其"一"字长编者，盖师此意，并借以请求海内外学者之教正，初意十年辛苦搜集之资料，既限于时地，不能公开于社会，长编所收如剔除过严，将无以示其真相，故去取之间，不敢存宁缺无滥之意。移港重排之际，复以上述情形，总校既鲜暇，助理又乏人，一切悉如原状，未及改进。因思际兹战时，原稿原片之保存，辄成问题；若不幸毁损，则笔者十年辛苦之工作，既无以就正于人，即于孙哲生先生提倡之美意，亦深孤负；于是力排万难，仍按战前计划先以大辞典之"一"字长编问世。至于大辞典本体之编纂印行，则财力人力皆非今日所许，只有俟诸异日。英国《牛津大字典》，费时四五十年，用款数百万镑，五易其总编纂者，始底于成。笔者苟能及身而睹《中山大辞典》之完成，宁非大幸，此则不敢望而固所望者也。

王云五　民国二十七年十一月二十六日写于香港

附录

十年来的中国出版事业

一

要使人对于中国出版事业有相当的认识，必须从出版物的统计着手，但是中国的出版统计，无论公私机关至今还没有做过工夫。内政部虽然在注册图书方面作过简单的统计；可是中国出版物的全数量和注册图书的数量比较，相差至远，断不能作为依据。作者近三年来，因受英文中国年鉴社的嘱托，担任该年鉴中国出版界一篇，每次都费了不少工夫，一方面向较大的出版家直接调查，他方面从京、沪、平、津几家主要日报全年登载的新书广告归纳起来，编成最近三年的中国出版统计。这种统计虽未能十分正确，事实上当不致相差太远。不过这种统计，只限于民国二十三至二十五年；如果要将十年来的出版统计补编完成，所费的时间固很惊人，而且据以统计的资料也不容易搜集。经过了一番考虑，作者才决定一个半靠蒐集半靠推算的方法。具体说起来，就是一面商请较大的出版家把最近十年中前七年的新出版物数量，分年开示；一面把这几个大出版家最近三年间的出版物数量和全国出版物总数量的比

例，按着从已知求未知的原则，推算此时期中前七年全国出版
物的数量。现在把推算的过程和结果说明于后。

据直接调查的结果，我国资格最老的出版家商务印书
馆、中华书局和世界书局三家，在过去十年间，即民国十六年
一月至二十五年十二月底，逐年的新出版物册数如下表：

	商　务	中　华	世　界	总　计
民国十六年	八四二	一五九	三二二	一、三二三
民国十七年	八五四	三五六	三五九	一、五六九
民国十八年	一、〇四〇	五四一	四八三	二、〇六四
民国十九年	九五七	五二七	三三九	一、八二三
民国二十年	七八七	四四〇	三五四	一、五八一
民国二十一年	六一	六〇八	三一七	九八六
民国二十二年	一、四三〇	二六二	五七一	二、二六三
民国二十三年	二、七九三	四八二	五一一	三、七八六
民国二十四年	四、二九三	一、〇六八	三九一	五、七五二
民国二十五年	四、九三八	一、五四八	二三一	六、七一七

又最近三年，即民国二十三至二十五年的全国新出版物册
数，经作者调查计算的结果如下：

民国二十三年　　　　　　六、一九七

民国二十四年　　　　　　九、二二三

民国二十五年　　　　　　九、四三八

如果把商务、中华、世界三家在这三年中各该年的新出版
物册数和上述全国各该年的新出版物总册数比较一下，则三
家的出版物册数在民国二十三年度占全国出版物总册数百分
之六十一；在民国二十四年度占全国百分之六十二；在民国
二十五年度占全国百分之七十一，三年间三家出版物的平均数

则占同期间全国出版物的平均数百分之六十五。

又如果把商务一家在这三年中各该年的新出版册数和全国各该年的新出版物总册数比较，则商务一家的出版物册数，在民国二十三年度占全国出版物总册数百分之四十五；在民国二十四年度占全国百分之四十六；而在民国二十五年度，占全国百分之五十二；又三年间商务一家出版物的平均数占同期间全国出版物的平均数百分之四十八。

根据上开任一种比例，都可以把民国十六年至二十二年间每年全国新出版物的总册数推算出来。但如把商务一家作比例，则一方面没有平均的机会，他方面又因民国二十一年商务适遭"一·二八"之劫，停业半年，后来复业之初，也因设备和力量的欠缺，出版新书尚少；这一年在商务既系特例，自不能据以推算他家或全国的出版物。因此，比较正确的推算，还是以三家的联合比例为根据才好。

查三家在最近三年间的新出版物册数既如上述，平均占全国最近三年间新出版物册数百分之六十五；而三家在前七年间的新出版物册数，均经直接查明。由这些已知的条件，便可推算而得民国十六年至二十二年间每年全国新出版物的总册数如下：

	三家已知数	全国推算数
民国十六年	一、三二三	二、〇三五
民国十七年	一、五六九	二、四一四
民国十八年	二、〇六四	三、一七五
民国十九年	一、八二三	二、八〇六
民国二十年	一、五八一	二、四三二
民国二十一年	九八六	一、五一七
民国二十二年	二、二六三	三、四八一

二

对于出版物的数量已有大概的认识后，第二件便须研究出版物的种类。根据作者为英文中国年鉴所蒐集的资料，和统计的结果，最近三年间全国新出版物的种类是有数字可考的。不过二十三年度的分类表中，没有把教科书列入，而民国二十四、五二十两年的分类表，却把一切新出版物都括入其中；因此在比较上，标准不能划一；现在为便利计，姑将二十三年度删除，仅记二十四、二十五两年全国新出版物的种类及其百分比如下：

	民国二十四年	民国二十五年	平　均
总　类	四三强	三九强	四一
哲　学	二弱	二弱	二弱
宗　教	二弱	·五	一强
社会科学	二八强	二七强	二八
语　文	二弱	二强	二
自然科学	三弱	二强	三弱
应用科学	四弱	五强	四强
艺　术	三强	四弱	四弱
文　学	五强	一一弱	八
史　地	六强	六强	六强

至于民国十六年至二十三年全国新出版物种类，如从实际上分析，既苦时间和资料的困难；如从间接上推算，则种类的变迁不能和数量的增减并论，因为数量和教育的普及与出版家的资力有密切关系，其增减有相当比例可据；而种类的变迁情形颇为复杂，断不能就几个出版家或是几年间的实例，推求而得一般出版家和其他几年间的近似结果。所以要想约略表现十

年来的前八年全国新出版物种类，只有参看内政部注册图书的种类。查国民政府内政部对于出版物的注册系从民国十七年七月份开始，现从这时期起一直统计至民国二十三年底止，把每年注册图书的种类，作成百分比如下：

	民国十七年	民国十八年	民国十九年	民国二十年	民国二十一年	民国二十二年	民国二十三年	平 均
总类	六七	一一弱	六七	一七强	三一弱	一七强	一一弱	三一强
哲学	○	三弱	一弱	三弱	三弱	五强	五弱	三强
宗教	○	○	○	·五	·二	一弱	一弱	·五弱
社会科学	四弱	一四强	七弱	二五弱	二五弱	二三强	二八强	一八强
语文	一六强	六强	○	七弱	三强	三强	八强	六强
自然科学	一强	一弱	二弱	八弱	七弱	八弱	九强	五弱
应用科学	○	三强	二弱	六强	五弱	一一弱	七强	五弱
艺术	三弱	三弱	三弱	六强	三弱	三强	六强	三·五弱
文学	三弱	四三强	六弱	二○强	一五强	二○强	一六强	一八弱
史地	六强	一七强	一四强	八强	八强	八强	九弱	一○

查民国二十四和二十五年新出版物种类的平均百分比系根据实际出版的册数，而民国十七至二十三年的平均百分比，却根据内政部注册的出版物种数；两者的标准不同，原不能作为适当的比较。可是两表均以总类的图书占第一位；社会科学占第二位；文学占第三位；史地占第四位；哲学占第九位；宗教占第十位；这六类的位次完全相同。其彼此不同的只有语文、自然科学、应用科学和艺术四类。

现在再将各类的位次略为说明一下。作者以为总类图书之占第一位，系由大部丛书之故。因为一部丛书里面包括许多种和许多册书；所以无论以册数或以种数为标准，总类都占第一位。不过按册数计算的，自然还要多一点。民十七至二十二年系按种数计算，结果总类占平均数百分之三十一；而民二十四年、二十五两年系按册数计算，总类竟占百分之四十一。这理由很为显明。社会科学之得占第二位，固由于教育图书小学校教科书和儿童读物都括入其中；但国人能注重社会种种问题，却是主要理由，而社会科学之研究，不像自然科学或应用科学，须先有数理的根底，因此入门较易，也是其中之一理由。文学之得占第三位，则因文学除供研究外尚可备消遣，故无论在那一个国家，文学书都占重要地位。史地之得占第四位，其理由与文学书近似，故位次也次于文学书。至于哲学书籍，任何国中，大都只供少数人的阅读；我国当然不在例外。宗教书籍，则各国情形差别颇大。有占较重要地位的，也有极不重要的。而且宗教书的效用较长，一本流行，经千百年而不变；因此新出版物究不能多。间有集教典的大成，从事大规模出版者，也不过偶一为之，断不能长久继续。因此，某一年中，宗教书籍虽出版特多；其他各年必不能维持记录。例如商务印书馆十几年前曾经一度辑印《续藏经》和《道藏》，在这一二年间，宗教书之出版数量必高起突飞；可是以后十数年间，便难为继了。此外语文、自然科学、应用科学和艺术四类，大都位于总类、社会、文学、史地之下，驾乎哲学宗教之上，而其消长升降，则与读书界的程度和国人的趋向有关系。查语文一类所包括者，大半为学校教科之补充读物，读书界如仅限于学校范围以内，则语文类出版物必占较重要的地位；反之，如果校外或离校以后读书的人渐多，则语文类出版物的地位，必渐渐退让于其他各类的出版物。近两年中应用科学出版物的地位益加重要，可为国人注意实学的明证；艺术出版物较前有进，也就是艺术学校和艺术教育日渐推广的原因。但自然科学还不见有起色，那就不能不视为教育界和读书界的缺憾了。

三

现在进一步，略述这十年来国内重要的或特殊的出版物。为便利说明起见，把这些出版物分为（一）大部丛书，（二）分科丛书，（三）大学用书，（四）职业学校用书，（五）儿童用书，（六）缩印便览书，（七）年鉴，（八）统计，（九）名词表，（十）索引十项。

一、大部丛书——这一项以商务印书馆的"四部丛刊"为其前驱。"四部丛刊"初编，虽在这时期以前印行，但其第二次发售预约与其续编、三编的发行，均在此时期内。此书初编多至二千册，续编、三编，各五百册，搜罗善本，精工校印，廉价流通，其保存国粹与阐扬文化之功，有足多者。其后中华书局有"四部备要"之辑。所收之书，注重实用，而以聚珍仿宋版排印，分订二千二百余册，盖与"四部丛刊"殊途同归者。近年商务印书馆又有"四库珍本"和"丛书集成"之印行。前者就文渊阁所藏"四库全书"中选印二百三十一种，分装一千九百余册。其中辑自《永乐大典》而别无他本可代者达九十余种，余亦出于宋元善本或其书虽时代未远，而至今已极罕觏者；盖借此保存珍本，俾迭遭变故之"四库全书"得因流通而永久也。后者选辑最实用最名贵的丛书百部，汰其重复，实存约四千一百种，依新法分类为五百四十余。我国历代学术专著咸备于此。全书四千册，都二万万字。以种类言，多于"四库全书"著录者十之二；以字数言，约当"四库全书"著录者二之一，而售价特廉，不及原值二十一之一。

以上各种大部丛书虽各有特色，然皆属于旧学范围。其能包罗中外新旧之学术，并为整个图书馆计划者，实以"万有文库"为首创。此书第一一二集正书各二千册，另附大部参考书若干册。主旨在以整个的普通图书馆用书供献于社会，其内容于中外各科要籍与治学门径之书无不包罗，支配适当，系统分明，版式一律，书脊编号，并附卡片，尤便管理。国内各地借本书而成立的图书馆多至千余所，其影响于读书界颇大。

二、**分科丛书**——此项丛书种类极多，兹择其规模较大者若干种分科叙述如下：

（一）**关于教育者**——商务印书馆有"现代教育名著丛书""师范丛书"及现在开始出版之"比较教育丛书""公民教育丛书"等。《现代教育名著丛书》系选译各国关于教育之基本著作先后出版者不下二十种。"师范丛书"专供中小学教师参考之用，已出版者六十余种。"比较教育丛书"，每国一种，共十二种。"公民教育丛书"，亦每国一种，共八种。两书均自本年五月起，月出一种；同为该馆近年定期出版丛书之一。此外中华书局亦有"教育丛书"四十余种；正中书局有"国防教育丛书"约十种。

（二）**关于法律者**——法学编译社出有"法学丛书"四十种；商务印书馆出有"新时代法学丛书"二十三种；"实用法律丛书"二十种。后者编

制注重实用，且以浅显文字及详明举例，为一般人
说明繁复的法律学；与讲义式或释义式的法律书籍
迥不相同。

（三）关于现代问题者——商务印书馆有"现
代问题丛书"五十种，就国内及世界当前的各重要
问题，以客观的资料及各家的意见，提要钩玄，使
研究某一问题者于短时期内得一鸟瞰的印象，并可
借其导引，渐进于本问题的全领域。正中书局有
"现代丛书"；新生命书局亦有"中国问题丛书"
各二十余种，可供研究现代问题者参考。

（四）关于自然科学者——商务印书馆有"自
然科学小丛书"二百种，分为科学总论，天文气
象，物理学，化学，生物学，动物及人类学，植物
学，地质矿物及地理学，科学名人传及其他，共十
类。于自然科学的全范围，殆已具备。取材扼要，
叙述浅明，可供一般人的阅读。其专供中等学生研
究者，该馆尚有"中学生自然研究丛书"三十种。
其足备科学家之参考者，该馆尚有"科学丛书"
二十余种。

（五）关于工学者——商务印书馆有"工学小
丛书"及"化学工业大全"两项。前者先后已出版
百种以上，各科目大致具备。后者共十五巨册，于
化学工业之范围，亦已粗备，且取材适合实用，每
题均有详尽的叙述。

（六）关于医学者——新医方面除商务印书馆
出有"医学小丛书"七八十种外，尚无大规模之出

版物。旧医方面，则近年大东书局有"中国医学集成"千册；世界书局有"珍本医书集成"九十种，"皇汉医学丛书"七十三种，各装订十四巨册。对于旧医学的要籍，可谓粗备。

（七）关于文学者——创作方面，商务印书馆有"现代文艺丛书""文学研究会丛书"等，已出六十余种；生活书店有"创作文库"，已出二十余种；北新书局有《创作新刊》，已出十余种；开明书店有《文学新刊》，已出十余种；良友图书公司有"良友文学丛书"，已出四十种。翻译方面，商务印书馆有"世界文学名著"，已出一百二十余种，黎明书局有"西洋文学名著译丛"，已出十余种。以上皆指有丛书名义者而言，其单行之创作和译本，则因文学一类读者最为普遍，所以各出版家，除完全印行旧书者外，几乎家家都有出版。

（八）关于史学者——商务印书馆的《百衲本二十四史》，采访善本正史，汇为一编；殿本讹误之处，借资补正者不可胜计，有功于史学至巨。开明书店的《二十五史补编》，蒐罗各史的补志补表考证等约共三百种，以便利检查的版式印行，对于研究史学者，甚为方便。商务印书馆新近发行的"中国文化史丛书"，就我国文化的全范围，区为八十科目，分请专家担任编纂，为有系统而详尽的叙述，分之为各科的专史，合之则为文化的全史；为我国史学前此未有的著作。

三、**大学用书**——我国在五六年前，出版家编印的教科书，以中小学校为限。民国二十一年十月，商务印书馆始发表其"大学丛书"计划，邀集国内各大学及学术机关代表，组织"大学丛书"委员会，在整个计划之下，分请专家编撰各院各系用书；其主旨在供献整个的大学用书，借以促进我国学术的独立。第一期四百余种，于民国二十二年四月开始出版，期于五年内完成。迄今已出版者不下三百种，多为精深之作。

四、**职业学校用书**——职业教育的重要，与日俱进。但因科目复杂繁多，所以教育部至今还没有把职业学校的课程订定。近年教育部委托若干教育机关，草拟职业学校课程大纲，并向全国著名职业学校征集编成之讲义。于民国二十五年春间委托商务印书馆审查，选其优良者印行。即由该馆邀集全国职业教育专家组织职业教科书委员会，就所征集之讲义详加审查，分别去取修正，俟认为满意，始通过为职业学校教科书。一面参考教育部印发之职业学校课程大纲并根据各专家的经验，暂行订定职业学校科目，分科征集或编撰适当稿本，陆续印行，期于三年内全部完成，本年秋季开学，第一批的职业学校教科书五六十种便可通过印行。

五、**儿童用书**——最近几年，尤其是民国二十三年至二十五年间，儿童用书的出版最为热闹。商务印书馆有"小学生文库"五百册，"幼童文库"二百册，"小学分年补充读本"六百册；中华书局有"小朋友文库"四百五十册，"小学各科副读本"三百册；世界书局有"儿童文库"二百册，此外儿童书局，北新书局也都有类此的出版物。

六、**缩印便览书**——自从石印术输入我国以来，缩印的书已经不少；但是缩印而又便览的书，却是这十年来，尤其是最近三四年来的产物。商务印书馆之《景印六省通志》和《十通》；开明书店之《景印二十五史》和世界书局之《景印十三经注疏》，便都属于这一类。各省通志动辄百数十册，商务印书馆的《景印本六省通志》，每种不过几厚册。通行的木版《九通》不下千册，更加上刘氏的《清朝续文献通考》百册，总册数在千以上，商务印书馆却把这千册以上的书缩成二十厚册。《二十五史》流行的版本，平均五六百册，开明版的《二十五史》竟缩成九厚册。《十三经注疏》通行本，平均也有几十册，世界版的《十三经注疏》却缩成两厚册。这几种缩印本，还有一样特长，就是字体都不至过小，阅读时比诸从前供场屋应用的石印书清朗得多，不至有伤目力。

七、年鉴——自民国十七年商务印书馆开始编印第一回《中国年鉴》以来，大东书局复于民国二十年印行《世界年鉴》。惜仅各印行一次，不再继续。其后申报馆印行《申报年鉴》接连三回；商务印书馆印行《英文中国年鉴》，亦已接连两回，第三回亦正在排印；体例渐臻完备。以上为普通性质的年鉴。至于专门性质的年鉴，在近几年来，发展尤为迅速。流行最广而继续印至四回的，首推商务印书馆印行的《中国经济年鉴》，这是实业部编辑的。此外财政部有《财政年鉴》，内政部有《内政年鉴》，铁道部有《铁道年鉴》；外交部有《外交年鉴》，其中除《外交年鉴》及第一回的《教育年鉴》外，都由商务印书馆印行。

八、统计——我国向来没有统计，最近两三年才开始编制印行。其中规模最大，包罗最广的，当推国民政府主计处统计局编辑的《中华民国统计提要》，由商务印书馆印刷发行。又教育部先后编有二十一、二十二、二十三年《全国高等教育统计》，二十一、二十二年《全国中等教育统计》，二十二年《全国初等教育统计》，二十二年及二十五年《全国社会教育统计》，二十二、二十三年《全国教育经费统计》，均归商务印书馆印行。此外又有一种私人著作名为《中日贸易统计》的，系由中华书局印行。

九、名词表——科学译名表，是研究科学与推行科学教育的必要工具。从前虽有私人或学术团体的编订，但往往限于局部，而且未经政府正式颁布，其效用自难普遍。自从国民政府成立以来，先由大学院组织译名统一委员会，担任编订译名的工作。后来这项工作移归教育部，再发交国立编译馆主持。几年以来已经编订发布的计有化学命名原则，药学名词，物理学名词，矿物学名词，细菌学名词，免疫学名词，天文学名词，发生学名词，精神病理学名词，数学名词各种。其中除化学命名原则及药物学名词两种，由科学仪器出版公司印行外，其余各种均由商务印书馆印行。

十、索引——索引是治学的重要工具。我国前此多不注意。近十年来图书附编索引的风气渐盛。尤其是大部图书索引的需要更切，编制也特多。商务印书馆自民国十七年以来，即首先将已出版的工具书如《辞源》《中国人名大辞典》《中国古今地名大辞典》等，按四角号码检字法编制索引；读者称便。其后新出版的工具书和教科书参考书多照此办理。其中《佩文韵府》一书原系齐脚排列的，也由该馆按四角号码，把六七十万条的辞语齐头排列，使这书仿佛变成一种文学大辞典，其效用尤著。又燕京大学引得编纂处，近年先后编成引得（即索引的别称）约二十种，按其原拟计划，尚须续编数十种。至其他出版家，对于索引的编制很为热心者还有开明书店和申报特种出版部生活书店等。开明书店先后编印《十三经索引》和《二十五史人名索引》；其中《二十五史人名索引》系按四角号码排列。又该店新近出版之重要工具书如《中国植物图鉴》等，也附有四角号码索引。申报特种出版部对其所印行的中华民国新地图、中国分省地图等，也一一附有四角号码索引。生活书店出版的《全国总书目》附有主题索引，也按四角号码编制。以上所述仅限于比较重要的出版物，其他附有索引，或是四角号码索引的更是不胜枚举。

四

从上面这些事实观察一下，最近十年可算是中国出版事业很重要的时期。以出版物的数量论，这十年中的第一年全国新出版物只有一、三二三册，其第十年则进至九、四三八册，约七倍于第一年。中间各年度逐渐增加；只有民国二十一年，因上海遭"一·二八"的事变，而我国出版家十之八九在上海，直接或间接都受其打击，因此这一年的新出版物较以前特别减少；此外总是有增无减的。尤其是后五年间新出版物的增加最速，统计前五年全国新出版物共一二、八六二册，而后五年的新出版物却有二九、八五六册。其一般的原因，固由于教育日益发达，社会日益进步；但出版家的努力出版新书，尤为重大的原因。"一·二八"劫后的商务印书馆自然也是其中最努力的一分子。查该馆成立迄今恰满四十年，前三十年的出版物约共五、七〇〇种，一三、三二〇册，后十年的出版物约共九、六五四种，一八、〇〇三册。以最近十

年而论，前五年（即民国十六年至二十年）的出版物为二、
六一四种，四、四八〇册；后五年（即民国二十一年至二十五
年）的出版物为七、〇四〇种，一三、五二三册。换言之，
即该馆"一·二八"劫后复兴五年间之新出版物，种数约当
"一·二八"以前三十五年全部出版物百分之八十五，册数约
当"一·二八"以前三十五年全部出版物百分之七十六。该馆
于"一·二八"创深痛巨之后，复业甫二三月，即先后宣布日
出新书及"大学丛书"之计划；近年又有星期标准书与系统化
之丛书不断的发行。而大部丛书除一二种系"一·二八"以前
发行者外，大多数均系复兴后之新出版物。据最近统计，该馆
每年之新出版物已占全国之半数以上。我国出版界既由商务
印书馆率先努力，于是其他出版家，亦多当仁不让，努力追
踪。即如中华书局之新出版物数量亦较以前大有进步。该局在
民国十六至二十五年间，前八年之每年新出版物，无有超过
七百册者，民国二十四年之新出版物骤增至一、〇六八册，民
国二十五年更增至一、五四八册。而后起之正中书局，在民国
二十四年之新出版物为一三九册，民国二十五年骤增至三九二
册；其急起直追，均有足多者。又以出版物之性质而论，除年
鉴，统计，名词，索引四项，几全为近十年之新产物外；其范
围最广之出版物如"万有文库"一、二集等，程度较深而规模
最大之出版物如"大学丛书"等，亦完全产生于此时期。作者
于五年前计划"大学丛书"科目之时，觉商务印书馆已出版
各书，堪充大学工学院、理学院之用者，几无一本。今则经
"大学丛书"委员会通过，已出版而可供工学院、理学院之用
者，多至五十余种；其征得稿本，尚排印或审查中者又不下
三十种。其他各学院用书亦大致如是。商务印书馆对于专门

著作，既已率先提倡，于是其他出版家亦渐有印行专门著作者。此种正当竞争的精神，于国家文化前途，实在是很有益的。

以上所述，皆关于我国出版界光明的过去事实；但是前途黯淡是不能免的。当前的一大难题，就是由于纸价的骤涨与奇涨。一个出版家，除受有政府或财团的补助以外，必须先能自立，才能对社会有贡献，过去几年间新出版物之增加很速，除种种理由外，也因为最大的出版家能够整饬工作，节省成本，一方面可以自立，他方面才能出其余力，多印行有用的书，甚至挹彼注兹，还编印一部分明知不免亏本，却是有益于文化的书。今后纸价大涨，成本加重，增加书价，既恐加重读书界的负担；不加书价，便无以维持出版家自身的生活。但如出版家自身的生活尚不能维持，则对于文化的贡献，虽怀有很热烈的愿望，将等于一场幻梦。当此过渡的关头，悬想十年后的中国出版界，后之视今，能否如今之视昔，这不独是出版界自身的问题，实在是值得全国人注意的。

民国二十六年五月　王云五